Hülya K

Evrensel Kur'a

ALAK
Rabb'in Molekülü

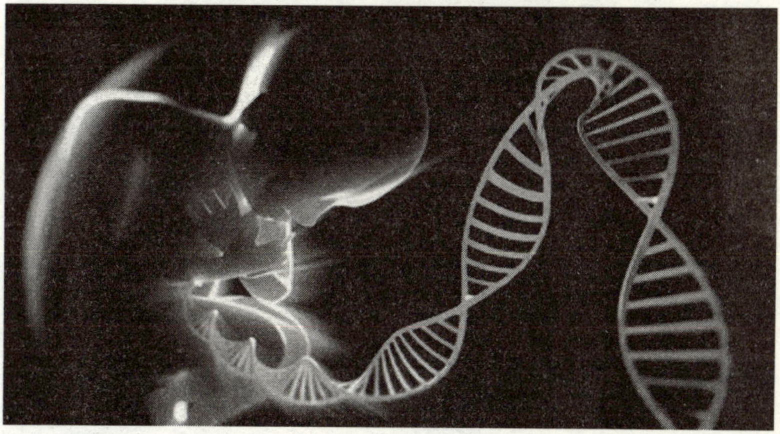

OZAN
İstanbul 2021

Hülya Kavuzlu

Evrensel Kur'an Külliyatı [1]

ALAK

Rabb'in Molekülü

OZAN
İstanbul 2020

Alak – Rabb'in Molekülü / Hülya Kavuzlu

Yayın Yönetmeni: Mustafa Demir
Editör: Orhan Suveren
Kapak tasarımı: Deniz Şener Yıldırım
Çizimler: Hülya Kavuzlu

Baskı ve Cilt: Ozan Matbaacılık
Davutpaşa Caddesi Güven Sanayi Sitesi B blok Kat: 2 No: 352
Topkapı - İSTANBUL

Kütüphane Bilgi Kartı (CIP) :
Alak Suresi / Hülya Kavuzlu
Din, İslam, Kur'an, Bilim, Kuran Bilimi, Teknoloji
Ozan Yayıncılık Ltd. 1. Baskı Haziran 2021, Türkiye, İstanbul, 160 sayfa

ISBN: 978-625-7554-05-3
Sertifika No: 42194

Dağıtım:
İstanbul: 2A, Alfa, Alkım, Artı, Bilgi, Cağaloğlu, D&R, Derya Dağıtım
Final, Paraf, Remzi, Say, Totem, Yelpaze
Ankara: İmge, Kıta, Ekinoks, Arkadaş Kitabevi
İzmir: Güneş

İnternet satış:
www.ozanyayincilik.com ve kitap satılan her yer.

OZAN YAYINCILIK LTD.

Alemdar Caddesi Güzel Sanatlar Sk. No: 13 Cağaloğlu İstanbul
Tel: 212.511 93 95 - 520 43 90 Faks: 212.527 98 47
Email: info@ozanyayincilik. com Web: www. ozanyayincilik. com

"Kur'an bilmek için Arapça bilmeye gerek yoktur. Arapça bilmek de Kur'an bilmek değildir."

Hülya Kavuzlu

"Selam Selam"

"İllâ kîlen selâmen selâmâ(n)"

Vakıa-26

Yaratan, İlmi veren ve bilgiyi açan
ALLAH-U EKBER'E Hamd ile...

Allah'ım bilen sensin biz senin ilminin ancak yansımasıyız. Kendimi senin sevgine ve nuruna açıyorum. İlmimi artır idrâkimi genişlet, imanımı güçlendir, neyi bilmem gerekiyorsa bildir, sadrımdakini çıkar Allah'ım.

Teşekkür

Yaratan, ilmi veren ve bilgiyi açan ALLAH-U EKBER'e hamd ile…

Tüm kâinatın ve boyutların öğretmeni olan mürşidim, her an yanımda olması ve daima desteği ile doğal yapımı bana hatırlatarak uyandıran Hz. Muhammed (sav) Resulullah peygamberime,

Dünyaya gelmemi sağlayan Rahim olan Annem ve Rahman olan Babama, benimle birlikte dünyaya gelmeyi kardeşim olmayı kabul etmiş kaderimde bana ortaklık eden kardeşime,

Evrensel Kur'an Çalışmalarında yaptığım Kur'an açılımlarındaki anlatımlarımı yazıya dökerek ve görevimde yanımda olan bu yolculuğumda bana eşlik eden yoldaşlarıma,

Evrensel Kur'an Çalışma Grubunun tüm Nur Canlarına,

Tüm öğrencilerime,

Ve siz değerli okuyucularımıza bu yolda bizimle buluştuğunuz için sonsuz şükran ve minnet sunarım.

İÇİNDEKİLER

Bu külliyat, Evrensel Kur'an Çalışmalarında Hülya Kavuzlu'nun sure açılımlarında anlattıklarının öğrencileri tarafından yazıya dökülmek üzere tüm Dünya Gezegeni sakinlerine, Kur'an'ın hakikatini ulaştırmak, Allah'ın Ulûhiyetini anlatarak farklı dinlerin olmadığını gerçek sistemin İslamiyet olduğunu, dil, inanç, ırk ayrımı olmaksızın hepimizin BİR olduğunu bildirmek üzere Hülya Kavuzlu tarafından yazılmıştır.

Giriş

Tek dil vardır Selam,
Tek din vardır İslam,
Tek ırk vardır o da İnsan Irkıdır.

Hülya Kavuzlu

Değerli okuyucumuz, bu kitap ile buluştuysan sen de gerçeği bilmek istiyorsun ve gerçekle buluşmaya hazırsın demektir.

Şimdiye kadar Kur'an ve İslamiyet hakkında yapılan tanımlar ve anlatımlar, Kur'an'ın hakikatinin anlaşılmasına mani olmuş ve kimi insanları hakikatten uzaklaştırmıştır. Bugün dünya genelinde coğrafi sınırlar içinde çizilmiş olan din anlayışlarında tarihten günümüze izler devam etmektedir. İslam coğrafyası, Hristiyan coğrafyası, İslam dünyası, Hristiyan dünyası vb. ifadeler sadece insanî, siyasal ve güç dengeleri ile ilgili kavramlardır. ALLAH'ın sınırsızlığının sınırlarını belirlemek ancak ALLAH'a aittir.

Kur'an'ın ancak birilerinden öğrenilebileceği ifadesi ile bireyler birilerine muhtaç bırakılmış ve Kur'an'ı bırakarak o kişilerin dilinden, bilincinden Kur'an'ı anlamaya çalışmışlardır. İnsanlar asırlardır Kur'an'ı kutsal diyerek okumak yerine raflara kaldırmış ya da duvarlarda asılı bırakmışlardır.

Artık Kur'an-ı Kerimi bulunduğu yerlerden alıp kendimiz okuyarak öğreniyoruz.

Kur'an tüm gezegenlere, evrenlere, âlemlere, kâinatlara gelmiştir. O hâlde Kur'an her yerde geçerli olacak şekilde tasarlanmış olmalıdır. Ve nitekim Kur'an tüm kâinatta geçerli olacak şekilde tasarlanmış bir matristir. Bu, Kur'an'ı evrensel yapan en önemli özelliktir. Evrensellik özelliği nedeni ile Kur'an herhangi bir dile mahkûm edilmemiştir. Kitap, Arapça yazılmış olup Kitabın içine yerleştirilmiş Kur'an'ın dili ise frekanstır - Kur'an zikirdir -

Bu nedenle,

Kur'an bilmek için Arapça bilmeye gerek yoktur, her Arapça bilen de Kur'an biliyor demek değildir.

O hâlde Kur'an'ı nasıl öğrenebiliriz?

Öncelikle Kitap başka bir şey Kur'an başka bir şeydir diyerek söze başlayalım.

Kitap, dili Arapça olarak yazılmış bilgiler bütünü iken Kur'an ise Kitap'ta bulunan kelimelere, harflere yüklenmiş frekans olarak tüm kâinatın bilgisini barındıran algoritmalar bütünüdür.

Henüz daha hiçbir şeyin olmadığı o güne gidelim, yaratımın ilk anına...

Allah Teâlâ hiçbir şey yaratmamışken Kur'an'ı var etmiştir. **KUN** sesi ile birlikte ki bu ses o boyutun fizik kanunudur (bu meseleye daha sonra değineceğiz). Yaratılan tüm boyutlar, o boyutun varlık türleri, insan denen yapı ve insanın içinde bulunacağı boyut her şey var edilmek üzere başladı.

Kun sesi ile var olacak bu yapıların tamamı henüz daha yaratılmadan önce Kur'an'da yazıldı. Buradaki yazılma fiili bir bilgisayarın programlarının yazılması anlamında kullanılmaktadır. Adeta bir bilgisayar sistemi gibi her şey ve her şeyin nasıl olacağı yazılım olarak yazılmıştır. Öyle ki tam şu an elinizde bu kitabı tutacağınız, okuyacağınız, okurken neler düşüneceğiniz, bu esnada ne zaman ve nerede olacağınız gibi her şey Kur'an'da yazılıdır.

Bizim tam şu anımıza göre "gelecek" diye tanımladığımız zaman içinde olacaklar ve torunumuzun söyleyeceği sözler dahi Kur'an'da yazılıdır. Yani özetle ilk âdemden son âdeme kadarki yaşanacak olan her şey tüm ayrıntısı ile hem de olacak olanların içinde barındırdığı sayısız olasılıklar da yine Kur'an'da yazılıdır.

Kur'an Evrenseldir.
Tüm gezegenlere,
evrenlere,
âlemlere ve kâinata
gelmiştir.

Bu yazılım, algoritmik olarak Kur'an'da yer bulur. Algoritmaları ise ayet olarak isimlendirdiğimiz cümlelerin içinde bulunan harflerin dizilimleri belirler. Her bir ayet bu itibarla tek başına algoritmalardan oluşan bir yazılım dolayısıyla işleyen bir sistemdir.

Ayetteki kelimeleri sözlük anlamı olarak değerlendirdiğimizde adı Kitap olurken, o kelimeleri algoritma olarak bakarsak Kur'an olur. Bir sözcük, sözlük anlamını Kur'an'a girdikten sonra tamamen veya belli ölçüde yitirmektedir. Bu nedenle de bir kelimenin anlamı, sözlükten değil yine Kur'an'ın kendisinden çıkarılmalıdır. Böyle bir prensip ile okuduğumuzda işte **KUR'AN**'ı okumuş ve ortaya çıkarmış oluruz.

Peki, bu prensip ile nasıl çalışabiliriz yine de Arapça bilmeye gerek var mı?

Elinizde notalardan oluşan bir sayfalık kâğıt olduğunu düşünelim, bu kâğıda baktığımızda yalnızca nota görürüz ve bir şey ifade etmez ancak o nota ile birlikte bir müzik aletinin başına geçip kâğıttaki notaları çalmaya başladığımızda, başta anlamsız gelen o kâğıt bize konuşmaya başlar ve bir şeyler anlatır böyle anlamaya başlarız. Dünyanın neresine gidersek gidelim içinde nota yazılı olan kâğıt her yerde geçerlidir çünkü ses evrenseldir, kâğıtta yazılanlar dile, dine, ırka göre değişmeyecektir hepimize aynı şeyi söyleyecektir. Kur'an, tıpkı nota yazılı kâğıtta olduğu gibi algoritmalardan oluşan evrensel bilgi barındırır.

Kur'an frekanstır (zikrdir).

Bu bilgiyi, işiterek (ses ile) ve gözle (ışın fotonları ile) takip ederek Arapça bilmeden dünyanın neresinde olursak olalım kendimizde ortaya çıkarabiliriz ve Kur'an bize konuşmaya başlar böylece bilir olur ve Kur'an'ı meal eder oluruz.

Kur'an ses ve ışın foton özelliği ile frekanstır.

Yazılı her ayet bizlerde bulunmaktadır. Saç telimiz, parmağımız, gözümüz, organlarımız, duygumuz, davranışlarımız, her bir hücremiz ayettir. Yani bizler aslında zaten Kur'an'ın kendisiyiz.

Kur'an İnsan, İnsan Kur'an'dır.

Kur'an'daki bir sureyi dinlemeye ve gözle takibe başladığımızda o surenin bizdeki ilgili hücreleri titreşmeye başlayarak aktifleşir ve böylece o surenin anlamı bizde ortaya çıkar; bir davranışımızda, hissiyatımızda, beğenimizde, ilgimizde, biliş halimizde sure devreye girer bu Kur'an'ın meal edilişi olur. Bu haliyle kendi Kur'an'ımızı meal etmiş oluruz.

Yalnızca bizler değil etrafımıza baktığımızda gördüğümüz şahit olduğumuz canlı cansız her şeyin kendisidir. Yani Kur'an'ın içindeyiz ve aynı zamanda Kur'an'ın tüm bilgisi bizim de içimizde.

Hem içimizde hem dışımızda her şeyin kendisi olandır.

Etrafımızda gördüğümüz ağaç, çiçek, o çiçeğin kokusu, aynı anda gökyüzünde uçan bir kuş ve yanınızdan geçen bir esinti, gökyüzü, güneş, bulut, dağ, ay, bilinen ve hatta bilinmeyen her şey yazılmış yazılımlar, işleyen algoritmalardır yani ayetlerdir.

Tüm kâinatın matrisi olarak içinde yer alan yazılımların her biri sistemi, sistemin içindeki tüm olguları, olacak olanları, zamanı, mekânı, nesneyi var eder.

Bu işleyişi her ne kadar bilgisayara benzetsek de elbette ki bir bilgisayar değildir. En ileri teknolojideki bilgisayar sistemleri Kur'an'ın ancak mikrosu olabilir. Bilgisayar sistemleri 1 ve 0 kodlarından oluşmak sureti ile yazılmaktadır. Kur'an sistemi 14 ayrı kodlama sisteminden oluşmaktadır. Bunlar hurûf-ı mukattaa olarak bilinen 14 ayrı sayıdır (harftir). Her ayetteki her bir kelime, bu 14 kodun birkaç tanesinin bir araya gelmesi ile yazılmıştır. Kur'an'ın tamamı bu kodlamalardan oluştuğuna göre diyebiliriz ki 14^{14} katmanlı bitlerle yazılmış makro bir bilgisayar sisteminin içindeyiz.

Kur'an'da bulunan her bir ayet 7 yersel 7 göksel katmandan, her katman da 7 yersel 7 göksel boyuttan oluşmakta bu her bir boyut kendi içinde yine 7 yersel 7 göksel boyuttan ibaret olarak sonsuza giden bir katmanlaşma meydana geliyor. Dolayısıyla her bir ayet, kendi içinde 14 çarpı sonsuz boyuttan ve her boyut da bir bilince karşılık geldiğinden 14 çarpı sonsuz tane **boyut bilincinden** oluşmuş oluyor. Yani tek bir ayet kendi içinde üst üste istiflenmiş halde sonsuz bilinç katmanlarından oluşarak böylece sonsuz manaları içinde barındırıyor.

Kur'an ayrı, kitap ayrıdır.

Bu kadar çok boyutlu bilinç seviyelerini iç içe barındıran **Kur'an, kendisini okuyucuya açan adeta bir canlı organizma gibidir.** Okuyan hangi bilinçte ise Kur'an kendini o bilinçten okuyucuya açar. Diğer bilinç boyutlarını açmayacak, o mana kişiye kilitli kalacaktır. Bu kilit ancak kişi bilinçlendikçe açılacaktır.

Her defasında kulakla dinleyip gözle takip etmeyi tekrar tekrar aşağıda bahsettiğimiz prensiple yaptıkça, bulunduğumuz bilinç seviyesinden bir üst bilince çıkarız. Aynı ayet tekrar okunduğunda bu defa Kur'an kendisini kişinin bu yeni bilincine göre açacaktır. Sürekli devam edildiğinde merdiven basamağını çıkar gibi bilinç katmanları bir bir tırmanılmış olunacaktır.

Bu bilinç ilerleyişi ilanihaye devam edecek bir olgudur. **Bu nedenledir ki Kur'an daima kişinin hem bireysel bilincinden hem içinde bulunduğu zamandan hem de o yüzyılın bilgi ve teknolojisinden daima ilerisindedir. O nedenle Kur'an'ın zamanı An iken insanlığa göre hep gelecek zamandır.** Bundan 3000-5000 sene önce ve daha önce de Kur'an geçerliydi, 3000-5000 yıl sonra da o günkü bilince göre Kur'an kendisini açacak ve böylece yine Kur'an ilmi, içindeki teknolojik bilgi o dönem için de geçerli olacaktır. Tam şu an bizim yüzyılımızda da geçerli olduğu gibi...

İnsanlık hangi bilgi teknolojisine ulaşsa da hangi yüzyılda olsa da Kur'an'ın teknolojik bilgisini geçemez, daima bilgimiz hep Kur'an'a göre geride olacaktır. Bilim ve İlim birbiriyle çelişmez, çakışmaz. İlimden bilim doğarak hakikati meydana getirir. Kur'an'a biz her açıdan bakarak, bizlerde açtığı ilim seviyesinde yaşayarak insanlığa hizmet edeceğiz.

Tüm söylediklerimizin özeti olarak diyebiliriz ki, yazılı metin gibi görülen ayetler sayesinde tüm sistem işliyor ve çalışıyor. Yani Kur'an, Allah Teâlâ tarafından "yaratılanlar nasıl yaratılmış hikâyesini bir öğrensinler" diye yazılmamıştır. Kur'an'ın bizatihi kendisi yaratımdır onun varlığı ile de devam etmektedir. Varoluşun ilk anından beri Kur'an varken kitap ise Kur'an'ın yazılı metni olarak Tevrat, Zebur, İncil ve son olarak da 600'lü yıllarda insanlığa sunulmuştur.

Yaratımın ilk gününden son gününe kadar Kur'an var olacaktır, her şey Kur'an'dadır.

Tevrat, Zebur, İncil ve dahi Tevrat'tan önceki insanlık bilincini uyandırmak için var olan tüm bilgiler de yine Kur'an'dır.

Bu nedenledir ki **"Kitap" yokken Kur'an vardı.**

Peki, en başından beri Kur'an'ın kendisi varken Kitap neden çok sonra gelmiştir?

İnsanlık bilinci, dinler tarihi öncesinde felsefe dönemi ile geliştirilerek bir bilinç seviyesine ulaştırıldı, felsefe dönemi belli bir bilinci oluşturduktan sonra Tevrat bilincine gelindi ve Tevrat bilinci insanlığı Zebur bilincine, Zebur ise İncil'e hazırladı ve nihayetinde insanlık Kur'an bilincine ulaşmış oldu.

Tevrat,Zebur, İncil insanda bulunan Kur'an frekansıdır.

Kur'an'a kadarki insanlığa sunulan bilgilerin hepsi de yine Kur'an'ın bilinç mertebelerini oluşturmuştur.

Tevrat, Zebur, İncil Kuran'ın insandaki bilinç mertebeleridir. Bunların her biri Kuran'ın bir frekansıdır.

Kur'an çalışma prensibini tarif ettiğimiz biçimde uyguladığımızda bizde zaten bulunan Kur'an sureleri bize inmiş olur böylece o sureyi hiç meallere bakmamıza gerek kalmadan kendi kendimize meal edebilir oluruz. Bu yöntem ile surenin çalışıldığı hafta yaşadıklarımız, hissedişlerimiz surenin programlarının bizde açılarak çalışmaya başlamasıdır. Surenin bizim hayatımızın her alanında çalışır olması, yaşanılanlar, hissedişler surenin bizim tarafımızdan meal edilişi olmaktadır.

Nitekim Kuran yalnızca okunmuş olmak için değil okuyarak böylece, Kuran'ı hayatımızın her alanında yaşamamız içindir. Asıl olan budur.

Metodoloji, sure uyumadan hemen önce ana dildeki çevirilere bakmadan (hiçbir meale bakmadan) Arapça olarak 7 kez üst üste dinleyip, gözle takip etmek şeklinde uygulanır (Arapça bilmeye gerek kalmadan yalnızca göz ile takip). Çalışmanın hemen ardından uyunmalıdır.

Kur'an insanın fabrika ayarıdır.
*Kur'an "**OKU**"dukça insan*
fabrika ayarına yeniden döner.

7 gün boyunca hiçbir şekilde meal tefsir vs. bakılmamalıdır. Çalışmayı tamamladığımızda 8. gün yeni sureye yine aynı prensip ile başlanır ve böylece gider. Bununla birlikte 7 gün boyunca çalışmayı tamamladıktan sonra eğer istenirse şart olmamakla birlikte o surenin gelmiş geçmiş tüm meallerine, tefsirlerine 8. günden itibaren bakılabilir.

Bu şekilde 7 gün boyunca her gece 7 kez dinlemek ve gözle izlemek üzere sure tamamlanmış olur. Hayatı hakikatli seviyeden yaşamamız gerçekleşir olacak ve surenin bizde aktifleşmesi ile zaten var olan bilgi, yeti, özellikler bir bir ortaya çıkmaya başlayacaktır.

Kur'an frekans olduğundan kendi frekansımız her defasında yükselerek ilk yaratım halimizle uyumlanarak, öz halimize varır olmaktayız. Bu hal bizim ilk, asli, en saf-arı hailimiz, en mükemmel halimizdir. Dolayısıyla Kur'an, bizlerin fabrika ayarıdır (default halimiz) ve gerisin geriye bizi bahsettiğimiz asli halimize döndürür.

Çalışmayı prensipli şekilde uyguladıkça, ilgili sureyi meal etmenin bile ötesinde yaşamaya başlamış ve surenin kendisi oluruz. Böylece tüm sureler tamamlandığında artık kişi Kur'an'ın kendisi olacak, Kur'anlaşacaktır.

Bu prensiple çalıştığımızda her tamamlanan sure, bizi mevcut bilinçten bir üst bilince taşıyacağı için Kur'an'ın tüm surelerini bitirmiş olsak da, her ayet kendi içinde yaprak yaprak bilinç katmanlarından oluştuğundan, aynı prensiple tüm sureleri yeniden çalışarak her seferinde, gelinen yeni bilincin üstüne çıkılır böylece bilinçte ilerleyişimiz sürekli devam eder.

Meal etme konusu da oldukça önemli ve hassastır. Çünkü meallerde genellikle kelimenin sözlük anlamına göre çeviriler yapıldığında bu hem o ayetin Kur'an mânâsını yitirmesine neden olmakta hem de kelime başka başka versiyonlarla çevrildiğinden yine Kur'an'ın vermek istediği anlamın çok dışına çıkılabilmekte, gerçek mânâsının değişmesine sebep olunabilmektedir.

Meal eden kişinin kendi bilicine göre meal edişinden dolayı, kişi Kur'an'ı yukarıda belirtilen prensiple değil de meallere bakarak öğrenmeye çalışırsa ilk defasında bir başkasının bilincini okumuş olacağından bu Kur'an'ı okumak olmayacaktır. Kendi bilincini açamayacağı için bilincini kilitleyecektir. "Kilitleme" diye ifade ettiğimiz şey kişinin sureyi henüz kendi açmadan, Kur'an frekansını alamayıp direk bir başkasının meali ile sureyi öğrenmeye çalışmasıdır ki bu, kişinin kendi bilincini kapatarak bir başkasının bilincini öğrenmiş olmasıdır. **Bu hâli ile kişi Kur'an'ı değil Kitabın çevirisini okumuş olmaktadır.**

Tüm bunların yanında **Kur'an** için ***"İnsanın kendini kullanma kılavuzudur."*** dersek çok doğru söylemiş oluruz. Zira Kur'an'da yer alan tüm ayetler kodlama barındıran kalıplar olarak tamamen İNSAN prototipini anlatır. İnsanın psikolojisi, fizyolojisi, her boyuttaki fizik (doğa) kanunlarını, yaratımını, ne olursa ne olur ya da ne yaptığında ne olur gibi hayata dair her şeyin çalışma mekanizmasını işletir. Bu nedenledir ki Kur'an'da yer alan tüm kelimeler, tamlamalar daima insanla ilgilidir.

Örneğin, nebi dendiğinde insandaki nebiliğe seslenir, peygamber isimleri olarak bilinen tüm isimler insandaki o programı anlatır. Peygamber isimlerinin hepsi ahsenî takvim olarak yaratılmış olan insandaki **iyi insan olma programları**dır. İsa(as), Musa(as), Muhammed(as), Süleyman(as), Nuh(as), Yusuf(as), İbrahim(as) ve diğer geçen isimler, insandaki **iyi insan olma** hasletleridir. Hepsi de hepimizde var olan programlardır.

Diğer bilinmesi gereken de Allah'ın (cc) isminin yalın olarak Kur'an'da bulunmadığıdır. Allah lafzı; Allahe, Allahu, Vallahi, Lillahi, BiennAllahe gibi tamamlamalar şeklinde bulunur. Bunların her biri de yine insanda çalışan programlardır. Her biri bir davranışımızı, duygumuzu, bir şeye karşı vereceğimiz tepkiyi, tepki verdiğimizde nelerle karşılaşacağımızı çalıştıran algoritmalardır.

Tevrat, İncil, Hristiyan, İsrail, Zebur, Yahudi, Salih, Sıdk vs. gibi Kur'an'da bulunan bu kelimeler de yine insandaki bir yanı, bir özelliği bir sistemi anlatmaktadır. Tüm bunlara sureleri açarken yeri geldiğinde değinerek Kur'anca mânâlarını anlatıyor olacağız inşaAllah.

Kur'an, tüm yaratımın algoritmalarından oluşan ***matristir.***

Dolayısıyla diyebiliriz ki Kur'an **İNSAN'dır.** Bahsettiğimiz insan, bizleri de içinde kapsayacak şekilde yaratımın bütün fazlarını içinde barındıran bir yapıdır. Bizler bu bahsettiğimiz yapının çekirdeğiyiz en mikro hâliyiz. İşte Kur'an bir İNSAN'dır diyerek, çekirdeği olan bizlerle birlikte tüm varlık türlerinin, varlık boyutlarının işleyişini, olma hâlini kapsadığını anlatmak istiyoruz.

Yaratımın her bir zerresinden bu zerrelerin birleşimi ile oluşan tüm makro hâli, içindekiler ve dışındakiler ile birlikte kodlamalardan oluşur. Bu kodlanmış varoluş alanı matristir.

"Kur'an, yaratımın kodlarının bulunduğu matrisin kendisidir."

Bunun içine canlı, cansız varlıklar, boyutlar, katmanlar, duygular, istekler, doğa olayları, görünen, görünmeyen aklımıza gelen gelemeyen her şey girmektedir.

Kuran inançlardan bağımsızdır hatta bırakın inançları evrenler, âlemler, kâinatlar ötesi bir yapıdır ve her yerde, herkes, her şey için geçerlidir. Kişinin inancının, dilinin, cinsiyetinin üstündedir Kuran bunlarla ilgilenmez, sistem çalışır.

Tüm peygamberler, öğretiler, iyi insan olmayı anlatmıştır.

Kur'an'ın Kılavuzluğu

Kur'an-ı Kerim'deki ayetlerin her bir tanesinin bir algoritma olduğunu söylemiştik. Tıpkı bir bilginin bilgisayar dilindeki yazılımı gibi her bir ayet ve o ayetin içindeki her bir kelimenin dizilimi çok önemlidir. Eğer herhangi bir ayetteki kelimeler şu anki dizilimle değil de kendi içinde farklı bir şekilde dizilmiş olsaydı tam şu an o ayetin oluşturduğu bir işleyiş dünyamızda tamamen farklı olacaktı. O nedenle ayetleri tanımlarken bu dizilimlere ve içinde yer alan kelimelere hatta harflere sadık kalmalıyız. Bir kelime çıkaramaz ya da ekleyemez ya da yerini değiştiremeyiz.

Kur'an-ı Kerim'de her kelimenin ve hatta cümledeki sıralanışının, Kur'an'a göre mânâsı vardır. Kelimeler kitaba girdikten sonra sözlük anlamını yitirerek artık Kur'an'ca bir anlam kazanmaktadır. Bu doğrultuda kelimenin sözlük anlamını değil Kur'an anlamını bilmeliyiz.

Kur'an'ın kendisi frekanstır (zikr). Her ayet de frekanstan oluşur. Bu mantık ile yaklaştığımızda ayetlerde bulunan her kelimenin mânâsını sözlükten değil yine Kur'an'ın kendisinden çıkarırız. Bu doğrultuda kelime, kitaba girdiği andan itibaren içine Kur'an yerleştirilmiş olarak sözlük anlamını yitirirken diğer kelimelerle bir araya geldiğinde tamamen bambaşka mânâya da dönüşebilmektir.

Bir ayet içinde yer alan her bir kelime, ayetin içindeki diğer kelimelerle birleşince ortaya bir kodlama yani sistemin işleyişini sağlayan algoritmalar çıkmaktadır. Ayetler, herhangi bir cümle olarak veya söylenmiş bir söz olarak değil de kodların dizilimi ile oluşmuş algoritmalar olarak ele alınmalıdır. Bu kodlama dili Kur'an'ın kendi içinde yer alır. Kelimenin hangi kodlama olduğu da Kur'an'dan çıkarılmış olacaktır.

Kur'an bu düzen ile ele alınmalıdır ki ancak o zaman gerçekten içinde bulunduğumuz sistemin (varoluşun) işleyişini, nizamını anlayabilir olalım.

Diğer türlü bir tarih kitabı ya da hikâyelerden oluşan bir mitoloji kitabı okuyor oluruz. Bu zan ile yaşama şekil vermiş oluruz.

O hâlde aslında Kur'an'ın sistemini ve Kur'an'ın nasıl kullanılacağını bilmek demek hayatı da hakikatli anlamak ve yaşamak demek olacaktır.

Kitaba Başlamadan Önce

- Kur'an Frekansı Çalışması -

Bu özel çalışma dil, inanç, ırk ayrımı olmaksızın herkesin kendi kendine yapabileceği bir çalışmadır. Kişinin yaratımında kendisine yüklenmiş olan programı açacak ve ortaya çıkaracaktır. Bu metodu uygulamak için Arapça bilmeye gerek bulunmamaktadır.

Çalışmanın uygulanışı;

Alak Suresi'ni her gece uyumadan önce Arapça olarak yedi kez üst üste dinleyerek ve aynı anda gözle takip ediniz. Arapça bilmeniz gerekmeden göz ile takip edeceğiniz yazıyı Arap alfabesi veya Latin alfabesi ile yazılmış olarak sesle birlikte takip ediniz. Bu şekilde çalışma her gece yapıldıktan hemen sonra uyunmalıdır. Çalışma bittiğinde sureyi 49 kez tekrar etmiş olmaktasınız.

7 gün süresince yalnızca Arapça ses ve görüntü (ışın-foton) frekansı ile çalışılacağından bu süre zarfında herhangi bir meale ve/veya tefsire bakılmamalıdır. 7 gün bittikten çalışmayı tamamladıktan sonra 8'inci günden itibaren elinizde tutmakta olduğunuz bu kitabı okuyabilirsiniz eğer isterseniz meallere ve tefsirlere de bakabilirsiniz.

ALAK ALGORİTMASI

Güzeller güzeli ahseni olan Allah'ın sevgisinin, sonsuzluk derunundan süzüle süzüle özenle akması ile sonlu, aciz olan insanın yaradılışı böylece başladı. Bizi o güzel nurundan yaratan sistemde sevginin yaşayanları, anlatıcıları, koruyucuları olan bizlere ne mutlu ne büyük bir bahşetmedir o.

Lütfuyla sevgisinden olan insanın yaratılışını, yaratımın matematiğini, bu matematik ile yazılan sistemi öyle güzel anlatmış ki... Allah matematiği, her yerde, her şeyde tüm zaman ve mekânlarda hatta tüm zamansız ve mekânsız varoluş katmanlarında her an işliyor.

Her şey bu kadar sevgiden yaratılmış olmasının yanı sıra sistemde duygusallık olmayıp bir yandan aslında mekanik bir işleyiş mevcuttur. Bu nedenle de sistem bizim inançlarımızla ilgilenmez, işler. Bir yer çekimi kanununun, siz inanmasınız da işlemesi gibi...

Öyle muhteşem bir mühendislik işliyor ki en ufak bir hata, eksiklik bulunmuyor. Bu her an kendine âşık etmeye yetiyor. Sistemin muazzam hesaplarla muhteşem bir mühendislik harikası olduğunu gördükçe inanmaktan değil, artık bilmekten bahseder oluyoruz.

Tüm sistem acaba nasıl işliyor, bunun içindeki "ben" denen varlık bu sistemin neresinde yer alıyor hangi yanını oluşturuyor?

Bizler henüz bedenli olarak yaratılmadan önce yaratımın ilk evresi olan Nur fazında nursal formlar olarak var edildiğimizde, Rabb ile ilk buluşmamızı yaşadık. Rabb ile geçen ilk buluşmamız oldukça hararetli ve pazarlık içinde geçti desek yeridir. İşte bu buluşmada Rabb ile bir sözleşme yaptık. Bu sözleşme metni ***Fatiha Suresi'***dir.

Fatiha suresi, henüz nur fazında nur olarak yaratılmış olan bizlerin Rabb ile yaptığımız sözleşme metni iken İhlas suresi, kimliğimizdir ve Fatiha ile verdiğimiz sözü dünyada yerine getirmemiz ile alacağımız çıkış vizesidir (bu sureleri yeri geldiğinde anlatacağız). ***Alak suresi*** ise burada yaşamımızı sürerken ihlastaki kimliğimizi dünyada ortaya çıkarabilmemiz içindir.

Alak algoritmasını iki aşamada ele almak büyük öneme sahiptir. İlk beş ayet ***Alak'***ın birinci bölümü, altıncı ayetten itibaren ise ***Alak suresi***nin ikinci bölümü olarak değerlendirilebilir. Nitekim aslında ***Alak suresi*** her ne kadar 19 ayetten oluşsa da yalnızca ilk beş ayet için ***Alak suresi***dir dersek çok yanlış olmaz çünkü 6-7-8. ayetler İnsan suresi, 9-10. ayetler Maun suresi, 11-19. ayetler ise Tebbet suresi olarak ele alınabilir.

"Festeızibillahimineşşeytanirracim"

B'ismi Allahi erRahman erRahim

İkra Bismi Rabbikelleziy Hâlâk
Hâlâkel insane min alak
İkra ve Rabbikel ekrem
Elleziy âlleme bil kalem
Allamel insane malem yalem

1. *Ikra' bismi Rabbikelleziy hâlâk*

- *Halk eden Rabb'inin B'deki özellikleri ile* ***ikra*** *et.*

İlk ayet olan bu algoritmada halak, Rabbi, ikra, b-ismi kodlarının Kur'an'ca manasına tek tek bakalım.

Burada yer alan ***Hâlâk*** kodunun anlamı nedir hangi algoritmayı çalıştırmaktadır?

Hâlâk kelimesi sözlük anlamı olarak "yaradılış, yaratmak" anlamına gelmektedir. Fakat biz kelimesi, kodlamasına ve algoritmik olarak neyi işlettiğine bakarak tanımlayacağız.

"Yaratmak" fiili Kur'an'da pek çok yerde başka kodlamalarla kullanılmaktadır. Bu fiillerden biri olan hâlâk kelimesinin geçtiği ayetlerin bazılarında, farklı anlamlarda (kodlar) kullanıldığı görülmektedir. Genellikle bir şeyin yoktan var edilmesinin kodu ***"hâlâk"***tır. Yaratım sistemindeki kodlaması bu iken hayatımızdaki hâlâk kodu ise ***"henüz olmayan bir şeyin var olmasının sağlanması"*** şeklinde çalışmaktadır. Örneğin bebek sahibi olmak, düşünülen bir işprojenin gerçekleşmesi, sanatsal bir eserin ortaya konması gibi henüz başlanmamış ancak düşünülen tüm olgular "halak" kodunun devreye girmesi ile gerçekleşir, var olurlar.

Burada kullanılan hâlâk kodu ile bir yaratım formatını görüyoruz. İnsan dediğimiz varlığın, göklerin ve yerin yaradılış algoritması hâlâk kelimesi ile işletiliyor. Hemen anlıyoruz ki burada kullanılan bu kelime ile bir algoritma oluşarak Allah'ın bir işletim sistemini çalıştırıyor.

Tüm varoluşun ilk yaratılanı olan Kur'an'ın ardından devam eden oluşumun en son tecellisi (hologram) olarak yaratılan insan da "halak" ile var edilmiş oldu.

Yaratım aşamalarına baktığımızda ilk yaratılan insan değil iken insanlığa sunulan ilk ayet neden ilk yaratılandan değil de en son yaratılandan başlamış olabilir? Zira katmanlardan ilk yaratılan ***nur***, insan ise tüm yaratım katmanlarının en sonuncusudur...

Hâkk Teâlâ, yarattığı varlığa "Seni ben şöyle yarattım bil diye söylüyorum" amacı ile ayet yazdırmamıştır. Bu ilk ayet de yine bilgi vermenin ötesinde kişide bir program başlatmak için vardır örneğin bu algoritmayı ilk alan olarak Hz. Peygamberimizde bir sistem başlatılmıştır. Bu sistem ilk ayetin kendisidir ve bu ayeti her kim okursa o kişide, aynı şekilde sistem devreye girecektir; **insanın kendindeki yaratım bilgisinin ortaya çıkması, bir şeyin var edilmesi, yeni bir işin var olması, kendindeki özsel programın devreye girmeye başlamasıdır.** İşte Kur'an'ın mercisiz olarak muhatabı olan okuyucusunun, bu ayeti kendinde titreştirdiği an yine kendinde başlatacağı sistem budur.

İlk ayette bulunan diğer kod olan İkra, Kur'anda pek çok farklı manalarda kullanılmıştır. Bunlardan yer yer bahsedeceğiz ancak özetle; insanın ilk yaratıldığı özsel haline yaklaşırken her defasında bilinç kazanılması-aydınlanılması, nefs bilinci olan *hira* mağarasından çıkarak farkındalığın-idrakin kazanılması, yaratılırken kişiye yüklenen spesifik (kişiye ait-özel) programın ortaya çıkması, Rabbsel özelliklerin kişide hasıl olması, yaymak-ortaya çıkarmayı başlatması, karşılaşılan bir olaydaki hikmeti-hakikati fark etmek-okumak diyebiliriz.

"Rabb'in özelliklerinden müteşekkil olan muhatap, sana yüklenmiş olan Rabb'in özelliklerini ortaya çıkar."

Tüm bu kodların genelinde *"İkra"* bir şeyi **başlatmak kodu** ile kullanılıyor. Bir bilgisayarın klavyesinde bulunan enter tuşu gibi "başlatmak" şeklinde değerlendirilebilir ki bu durumda peygamberin kendi ikraını başlatması, yaratımında kendine yüklenmiş olan formatın devreye girmesini sağlamıştır. Bu da bildiğimiz (peygamberlik) resullük formatıdır.

Aslında burada söylenen söz değil, söz gibi görünen işleyen bir mekanizmadır. **Bu mekanizma devreye girdiği an kişinin kendi programının devreye girme süreci başlar.**

Peygamberimizde peygamberlik programı vardı. Bu durumda *"İKRA"* dediğinde bu devreye girmek üzere başladı. Hangi inanca sahip olunursa olunsun fark etmeksizin okunduğu an kişide devreye girer ve kişinin kendindeki yaratım sebebi açılarak programı başlar. Sen okuduğunda da sende bulunan yaratım programı devreye girmek üzere başlar.

İkra bi-ismi Rabbike'l-lezî hâlâk algoritmasındaki "***Rabb***" koduna bakalım.

Kur'an'da önemli olan şeylerden bir tanesi de Rabb, Allah, Rahman, Rahim, Hu gibi kavramların kullanımıdır. Bir ayette bunlardan hangisi kullanılıyorsa, ayetin (algoritmanın) boyutunun ve işletim sisteminin ona bağlı olduğunu söyleyebiliriz. Burada da "Rabbike'l-lezî hâlâk" derken hâlk etmenin yani yaratımın Rabb mekanizmasınca ve Rabb'in katında gerçekleştiğini anlıyoruz. ***Halak eden Rabb'in ismi ile İkra et*** ayeti kabaca, Rabb katında halak edildiğini ve yaratıcı olan Rabb'in özelliklerini (ismi) İkra (yay-ortaya çıkar-tatbik et) etmek anlamındadır.

Rabb'in katında halak edilen neydi? Bunu bize ikinci ayette söyleyecek.

Rabb'in ismi nedir Rabb'in ismi ile söylenmek istenen nedir ve Rabb'in ismi ile ***ikra*** etmek ne demektir?

İkra sadece okumak anlamında değildir. Zira ne okuyacağız? Ayetin Hz. Peygamberimize geldiğini düşünürsek o ne okuyacak? Çünkü elinde bir yazılı metin ya da doküman yok idi.

O halde bir şeyi elimize alıp okumamızdan bahsetmiyor ayet. Bu anlamı da kapsayacak şekilde, İkra'yı bir ortaya çıkarış olarak tanımladığımızda bu kez de neyi ortaya çıkaracağımıza bakalım.

Kur'an'dan algoritmik olarak anlıyoruz ki ***ikra***; programlanan, kayıt edilen datanın (bilginin) ortaya çıkması gibi anlamlarla birlikte genel olarak *"**yaymak, anlatmak, ortaya çıkarmak, ortaya koymak**"* anlamlarına da geliyor. Anlatmak, yaymak, sözlü olarak söylemekten ziyade yaptıklarımızla, söylemlerimizle, düşüncelerimizle yani tüm amellerimizle bizdeki Rabbsel özellikleri ortaya koymaktır. Tabi bu ortaya çıkarış için idrak gereklidir. Bir bilinç hâline ulaşmak, varmak gereklidir.

İkra, Rabb ile ilgili bir kodlama olarak kullanılır ve Rabb'i ortaya çıkarış algoritmasıdır."

İkra bismi Rabbikellezi Halak'taki **b-ismi** kodun, Rabb'in halak ettiği "şey"de (ikinci ayetteki alaktan yaratılan insan) bulunan özelliklerdir. Bu özellikler, Rabb'in bütün moleküler (DNA) bilgisi, Rabb'i oluşturan bütün fiiller, insanda bulunan Rabb özellikleridir (ona her şeyi öğretti-kodladı). İkra kodu ile birleşince, bahsettiğimiz Rabb'in bu özelliklerini ortaya çıkarmak, bunu yaymak, anlatmak, ortaya koymak, hayata getirmek anlamını kazanmaktadır.

İkra ile **"Sendeki Rabb'i anlat. Rabb'in bilgisiyle yaratılmış olduğun hâli hatırla. Sendeki Rabb'i ortaya çıkar ve bunu anlat, bunu ortaya koy"** çalışmaya başlar.

*Bizde bulunan **Rabb'in bilgisi** (b-ismi Rabbikellezi) **"iyi insan ol'mak** özellikleridir bunlar; doğaya, insana, hayvana **koşulsuz sevgi, merhamet** duyarak, **saygı** ile her an **hayr ve yardımı tevazu** içinde **sabrın** erdemiyle **kârı feda** ederek yapmak ve* *bunu şarttan, durumdan bağımsız olarak daima sürdürmektir. Böyle insan tüm kâinatın ve yaratılmışların zikrindedir.*

"Kun" dendiğinde her birimiz yaratım katında programlandık. Öncelikle algoritmik olarak var edildik. Resuller, nebiler de dâhil olmak üzere hayvan, bitki tüm varlıklar orada programlandı. Bir varlık ne sebeple var olacaksa onunla programlanmıştır bu, o varlığın yaratılma nedeni olmuştur. Nasıl ki arı bal yapmaya programlıysa insanın programı da, kendindeki Rabbsel özellikleri ortaya çıkarmaktır. Arı bal yapmak için yaratılmışken insanın asli fıtratı Rabbi ortaya çıkarmaktır. Hepimiz bizdeki Rabbi ortaya koymaya programlandık.

O hâlde ayet "ikra" et derken "Ey okuyucu, sen de Rabb'in sende bulunan Rabbsel bilgiyi-özelliği ortaya çıkar!" demektedir.

Demek ki "İkra" algoritması adeta bahsettiğimiz gibi bilgisayarda bir şeyi başlatmak üzere "enter" tuşuna basmak gibidir. Peygamberimiz için "ikra" peygamberlik tuşu idi diyebiliriz. Zira hepimizin bildiği resullük görevi olan peygamberimiz için "İkra bismi Rabbikelleziy Hâlâk" kodlaması "peygamberlik programını ortaya çıkar, başla" anlamına gelmekte iken okuyucu için de kendi programını başlatılma tuşudur.

O hâlde bu ayeti okuyan sen, sende neyi ortaya çıkaracaksın? Senin programın yani yaratılış formatın nedir? Sen neyi ***ikra*** edeceksin?

***

Bizler pek çok yaratım evresinden geçtik ve nihayetinde insan formuna büründük. Hepimizin bebek olarak dünyaya geldiği yer yaratımın ***Rahim*** boyutudur. Yani biz şu anda dünya dediğimiz ***Rahim*** boyutundayız. Ana rahmindeki oluşum gibi burası için de bir sperm hücresiyiz. Ne olmak üzere? Hakiki insan olmak üzere...

Sperm hücresi rahme düştüğünde o sperm hücresi en sonunda rahimde neye dönüşmektedir?

Hücre ile başlayan bu süreç sonunda cenin ismiyle anılan bir bebek ile son bulacak. Cenin anne rahminden yani mikro rahimden, Allah'ın ***Rahim*** boyutuna yani **makro rahim boyutuna** doğarak bu defa da bu boyut için sperm hücresi olacaktır. Yani her doğan bebek aslında doğduğu dünya - ***rahim boyutu*** için bir sperm hücresidir. Nasıl ki anne rahminde hücre, kırk günlük olana kadar bir dönüşüm sürecinden geçerse, dünyaya yeni doğmuş bir bebek de kırk yaşına kadar aynı evrelerden geçer.

On beş yaşındayım, yirmi yaşındayım, şimdi otuz beş yaşındayım, kırk oldum diyoruz oysaki bunların hepsi ***rahim boyutundaki*** (dünyadaki) gelişim evrelerimiz, aşamalarımızdır. Bu gelişim süreci programlarımızın da yavaş yavaş ortaya çıkmasına zemin hazırlayan aslında bir hazırlanma sürecidir. Bunun nihai vakti hemen hemen 40 yaştır. Her insanda yüklenmiş olan yaratılış programı, kişi 40 yaşına geldiğinde ortaya çıkmak için uygun bir bilinç ve fizyolojik ortama kavuşmuş olmaktadır.

Hz. Peygamberin programı ne idi? Daha önce söylediğimiz ve hepimizin bildiği "Peygamberlik" programıydı. Hz. Peygamberimiz bebek olarak doğduğu, dünya denen rahim boyutuna, bebek hâli olarak bahsettiğimiz tüm evrelerden geçip gelişti ve kırk yaşına geldi. Programının ***ikra*** olacağı (ortaya çıkacağı), kırk yaşındaki peygamberliğin devreye gireceği döneme geldi artık hem bilinç hem de fizyolojik olarak.

Halk eden Rabb'in ismi (yaratan Rabb'in özellikleri) ve kendindeki programın ortaya çıkması için biyolojik saati olan peygamberlik seviyesine gelmiş oldu. O hâlde ***İKRA*** aslında bizdeki programın ortaya çıkacağı biyolojik saatimizle de ilgili. Biyolojik saatten önce ***İKRA*** tuşuna basıldığında yalnızca süreç başlatılmış olurken, biyolojik saat gelmiş olduğunda ***İKRA*** tuşuna basılırsa (devreye alınırsa) kişideki özsel program ortaya çıkıyor.

Örneğin şu an siz ilk ayeti tekrar tekrar okumuş olarak kendinizdeki ***İkra*** sürecini başlatmış oldunuz.

"İkra" genel olarak tüm anlatımların yanı sıra Rabb'in hâlâk etme programıdır. Rabb tarafından insanın hâlâk edilmesi İkra ile başlamıştır. Bu nedenle ilk İkra hepimiz için daha yaratımın ilk fazında gerçekleşti. İkinci İkrayı ana rahminde yaşadık. Üçüncü İkra ise kendi kendimize dünya hayatında (Allah'ın Rahim boyutu) yapacağımız İkradır. Hepimiz şu an üçüncü İkra'nın içindeyiz. Bu ayetle bunu kendimizde başlatıyoruz.

Hâlâk'ı, Rabb'in kendi özelliklerini, yaratım henüz moleküler seviyede iken moleküle yüklemesi olarak anlatacağız. İşte bu hâlâk etme, hâlâk edilen alakın içine bilginin yüklenmesidir ki bu gen transferi şeklindeki bir işlemdir. Tüm bunları başlatan, olmasını sağlayan bahsettiğimiz ilk ***İkra*** programıdır.

Yaratımın ilk fazından sonra bir hücreye dönüşmüş olarak dünya ortamında ana rahmine geldik. Ana rahminde hücreden alakın oluşumu da ikinci ***İkra***'dır.

Üçüncü ***İkra***, hayat boyu yaşadıklarımızın kayıt edilerek kıyam etme vaktinde kayıtların açılmasıdır (İsra 14. ayet) (yeri geldiğinde detaylı değinilecektir). Bu süreç, ana rahminde ete kemiğe bürünmemizden, bilincimizin yaşam denen "ekrana" bağlanmasından başlayıp hayatımız boyunca karşılaştıklarımızı İkra edişimizi kapsayarak en sonunda tüm yaşanılanları "kıyam ekran"ında izlemek şeklindedir.

Görme, duyma gibi bu ortamı algılama cihazları ile hayatı, yaşanılanları izlemektir diyebiliriz.

Rahimde beyin oluştuğu an artık nursal varlık, yaşam boyu bağlantıda kalacağı kendi "ekran"ına bağlanıyor.[1] Hayatta her karşılaştığını bu ekranda izliyor buna da "yaşıyorum" diyoruz. Her şeyi yaşıyoruz (izliyoruz) aynı anda daha

---

[1] *Varlık ilk yaratıldığı nur olarak anne rahmine düştüğünde sonra alak olduğunda yani şuuru kapatıldığında buradaki izleyişi başlıyor. Doğduğu an ekrana bağlandı hayatı buradan izleyecek; karşılaştığı durumlar, verdiği tepkiler hep bu ekranda yaşanacak. Hayat boyu tüm bu izleyişleri onun yaşamı olmakta ve tüm amacı ikradan önce neydi onu hatırlamak oluyor. Herkes bağlantıyı kendi ekranından kurar ve yaşamını buradan izler.*

sonra kıyamette izlemek üzere kayıt ediyoruz. Tüm hayatımızdaki izlediklerimizi sonradan bu defa da kıyamette izliyor oluyoruz. Aslında temel olarak İkra'yı izleme ve izlediklerini değerlendirme gibi düşünebiliriz.

Velhasıl ilk İkra, insanın Rabb'in alakından yaratılması, ikinci İkra ana rahmindeki alak (embriyon) oluşumuz, üçüncü ise insanın kendi şuur ve iradesi ile yaşamı içinde yapacağı ve aynı anda kayıt etmekte olduğu *İkra*dır. Kayıt edilenlerin kıyamda izlenmesi de yine İkra ediştir.

İkra anlaşılıyor ki insanın kendinde zaten yüklü olarak bulunan Rabb programının (özelliklerini) şuur ortamında devreye girerek hasıl olmasını sağlayan bir program olarak sistemimizde bulunuyor.

2. *Hâlâke'l-insâne min 'alak*

Peki, biz sperm hücresi olmadan önce ne idik?

Yaratımın ilk fazı olan ***Nur*** hâlinde ilk olarak **Ümmü** (ümmi değil) yani ***ÖZ*** yaratıldı bu özün adı ***"Muhammed"***dir. Aklımıza hemen beşer olarak dünyaya gelmiş Hz. Muhammed(sav) peygamberimiz geliyordur. Bu da aslında doğrudur ancak henüz kâinatta hiçbir şey yok iken ilk yaratılan ilk ***nursal*** yapıdan bahsediyoruz. Bu ***ÖZ***sel şuur ***"Muhammed"*** dir.

Tüm yaratım bu özden devam eder. Nur fazı yaratılırken kendi içinde her şeyin tek olduğu aşağısının, yukarısının, sağının, solunun olmadığı bir boyut var edildi. Öyle ki ne başı ne sonu ne içi ne dışı ne aşağısı ne yukarısı ne arkası ne önü olmayan her şeyin tek ve aynı olduğu ***bir*** olduğu (tekillik-singularite) boyut.

Bu varoluşsal ilk faz olan ***nur*** fazlarının birleşmeleri ile paketçikler oluşup ***enerji boyutunu*** meydana getirmiştir. Bu enerji boyutu nar frekansındadır, elektron ve anti maddesi olan pozitron meydana gelmiştir. İlk defa burada nötrino da var olmuştur. Bu boyutun ilk yaratılanı ***İblis*** ismi ile anılan ***narsal yapı***dır. Bu enerji porları, en cüzüne inildiğinde ***nur***dan oluştuğunu görebileceğimiz ama kendisi ***nur*** olmayan bir yapıdır.

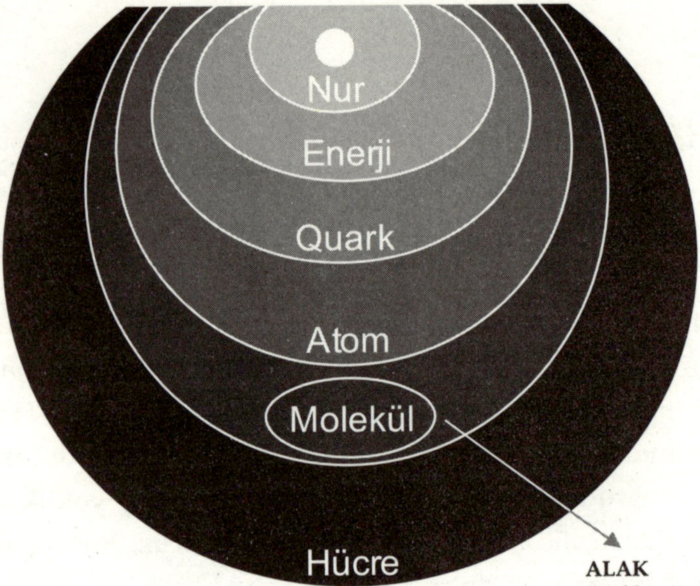

Şekil 1: *Yaratımın katmanları, Alak aşaması moleküler seviye*

ALAK
''Rabbin ismi'', yaratılıştaki Molekül seviyesi olup bu molekü DNA'dır. Yaratılan ilk DNA bilgisidir ki bu "bismi Rabbike"dir. Evr evre gerçekleşen yaratımın başlangıcında bulunan molekül fazı, Rabb'in ***Alak***ı'dır. Ana rahminde olup biten tüm süreçler Makro Rahimd de vukuu bulur. Makro rahimdeki Alak fazı Rabb'in tüm özelliklerinin bulunduğ moleküler bir yapıdır. İnsan denen prototip, Rabb'in ***alak***'ındaki, Rabbe dair bütün özelliklerden müteşekki bir yapıdır.

Burada, ismi ***cin*** olan eksi yüklü elektron ve artı yüklü elektron olan pozitronlar oluşmuştur. Nur fazından sonra oluşan bu yeni faz ilk defa artı ve eksinin oluştuğu bir boyutken ***nur*** ise tamamen nötr bir yapıdır ne eksi ne de artı değildir.

Enerji ortamı, hücre bölünmesi gibi birleşme-bölünme, şeklinde oluşurken bu birleşme-bölünmelerden dolayı ismi şeytan olarak bilinen nötrino meydana gelmiştir. Bunları, yeri geldikçe ayetlerde detaylı olarak ele alacağız.

Tüm bu oluşum devam ederken bu kez de enerji boyutunun kendi içinde birleşmesi ile adına ***balçık*** denilen elektron çamuru yani ***kuark*** evreni oluştu. ***Kuark boyutu***nun oluşması ile ilk defa bir elektronu ve bir tane protonu olan atomlardan oluşan bir atomik evren oluştu. Bu atomlar birleşmek sureti ile ilk defa ***molekül evren*** yani ilk ***Alak*** meydana gelmiştir.

Oluşan ***alak***, et kemik olacak âdemin oluşumundan hemen önceki safhadır ve Rabb'in tüm bilgisinin bulunduğu ilk DNA molekülüdür. Bu DNA molekülü, Rabb'de bulunan bütün genetik bilgiden oluşan, 12 sarmallı, sekiz ***ana genden*** müteşekkildir (sekiz ana format program).

Nurun yaratımından sonraki ***enerji boyutu***ndan ***Alak*** aşamasına kadar gerçekleşen tüm yaratım, Allah'ın ***rahim boyutunun*** içinde gerçekleşmiştir. 12 sarmallı ve sekiz ana genden oluşan moleküllerin birleşmeleri ile ilk canlı organizma olan ilk tek hücre meydana gelmiştir. İşte bu **ilk tek hücrenin adı Âdem'dir.**

Âdem, ne yalnızca dişi ne de yalnızca eril olmayan androjen bir yapıdır, her ikisini de kendinde barındıran cinsiyeti olmayan bir organizmadır. İlk defa kendi içinde ikiye bölünerek ilk dişil hücre ve eril hücre meydana gelmiştir. Böylece eril ve dişil Âdemler oluşmuştur.

İlk canlı organizma olan hücrenin kendi içinde bölünmesi ile oluşturduğu bu ilk dişi ve ilk eril hücrelerin birbirleri ile birleşmesi-bölünmesi, birleşmesi-bölünmesi ile ete kemiğe bürünen Âdemler ve Havvalar (dişi Adem) oluşmuş ve bunlardan ise ***İnsan*** denen prototip meydana gelmiştir.

Yaratımın ilki olan bahsettiğimiz bu evreler mikro olan bizlerin ana rahmindeki oluşumumuzda da aynı sıralama ile gerçekleşmektedir. İlk canlı olan Âdemin ***alak*** safhası için geçerli olan her şey, bir sperm hücresinin ana rahmine girmesi ile oluşan ***alak*** için de aynen geçerlidir. Bir tek fark ile... İlk ***alak***taki DNA 12 sarmallı iken insan denen formatın DNA'sı bu 12 sarmalın yalnızca iki sarmalı aktif olan bir yapıya sahiptir.

Surenin ilk ayetini okuyan herkeste meydana gelecek olan İkra'nın etkisi, Âdemin ***alak*** hâlindeyken ki İkra'nın etkisi ve bizlerin rahim içinde ***alak*** hâlindeyken ki İkra'nın etkisi ile aynıdır.

İnsan ***alak*** bilincindeyken, ***"İkra"*** ile kendinde bulunan yüklü Rabbsel programını başlatmış olmaktadır. Böylece 12 sarmalın pasif olanlarını aktifleştirmeye başlamış olur.

İlk ayette Rabb ismi geçtiğine göre Rabb merciinde gerçekleşen bir hâlâk etme olduğunu söylemiştik. İkinci ayette hâlâk edilenin ise insan olduğunu anlıyoruz. Ayet, insanın Rabb'in katında makro ***alak*** yapıdan hâlâk edilmesi ile mikro düzeyde de anne rahmindeki mikro ***alak***tan oluşmasını kapsamaktadır. Makroda ne varsa mikroda da o vardır, makrodaki işleyiş ne ise mikrodaki de aynıdır.

İlk gelen ayet neden sırasıyla sperm hücresi, zigot oluşumu gibi daha önceki safhalardan değil de doğrudan daha sonra oluşan ***alak***tan başlıyor?

İkra etme insanın kendindeki insan olma vasıflarını ortaya çıkarması ile ilgili iken insan olma vasıfları da insanın dünya boyutuna özgü bir yaratım olması ile ilgilidir. İnsan dünyasal bir varlık olduğu için buraya özgü özellikleri çıkarabilmesi ancak ***alak bilincinde***[2] iken meydana gelmektedir. İnsan olma programı bu sayede çalıştırılabilir olur. İkinci ayetin algoritmasında yer alan alak kodu tek başına varoluşu hem de dünyaya geldikten sonraki ruhsal gelişimi anlatır. İlk ikisi bizim bilincimize göre zaten çoktan

---

[2] Tüm bu makrodaki yaratım ve mikrodaki oluşum süreçlerinin her birini şu an dünyada yaşayan bizlerin bilinci olarak düşünürsek, rahim içinde sürdürdüğümüz gelişim dünya denen Rahim boyutunda bilinç gelişimi şeklinde gerçekleşmektedir. Örneğin yaşam içindeki gelişimi de aynı sıra ile sperm hücresi bilinci, zigot bilinci, alak bilinci, cenin bilinci gibi değerlendirdiğimizde, bilinç olarak ulaştığımız ***alak*** bilinci, insan olmamızdaki yaratımda bize yüklenmiş programın artık ortaya çıkması için en uygun bilinç seviyesidir.

gerçekleştiği için şu an içinde bulunduğumuz ruhsal gelişimi sağlayabileceğimiz bir algoritma olarak, ayet alak safhasından başlamaktadır.

Algoritma nasıl çalışıyor (ayet nasıl bir sistemi işletiyor)?

İlk ayet, Rabb'in bizde bulunan özelliklerini ortaya çıkarma sürecini başlattı. Arkasından ikinci ayet Rabb'in bizde bulunan özelliklerinden ***"insan"*** formatını devreye aldırdı. Yani birinci ayet genel bir program başlatma algoritması iken ikinci ayet birincinin hemen ardından gelen insan olarak yaratılmakta olan kişiye özgü özellikleri spesifik olarak başlatıyor. Kişiye özgü programı devreye alıyor.

İnsan olma özelliği de yine Rabb'in özelliklerinden gelen deyim yerinde ise fabrika ayarı olan yaratımdaki en öz hâlimizdir. İşte bunu devreye alıyoruz.

Daha da açıklayıcı olması bakımından insanın yaratım aşamasından hatta ***Rabb'in Alak***ının (Moleküler seviye) yaratımından da öncesine bakalım, yaratılan atomun yaratımına...

Makro ve mikro seviye olarak değerlendirdiğimizde yaratım sıralamasındaki ilk faz ***nur*** iken nurun bir dizi evrelerden geçmesinin neticesinde ***atom*** denilen ***"zer"*** oluşmaktadır. Yaratımın safhâlârına göre bu aşamada henüz daha insan yaratılmadı hatta yukarıda bahsettiğimiz DNA (*bknz.*

Sözlük) diye tariflediğimiz molekül bu safhada henüz bulunmuyor. Henüz atomun yaratılması aşamasındayız.

Bu aşamada proton, elektron ve nötron oluşuyor. Atomu oluşturan yapıların yaratılma sıralaması şu şekilde: Öncelikle elektron yaratılıyor sonra proton ve sonra da nötron oluşuyor. Ancak her şeye makro ve mikro olarak baktığımız gibi burada da ***makro atom*** ve ***mikro atom*** olarak bakmalıyız. Mikro atomik yapıda bulunan proton, elektron ve nötron makro atom yapısında da bulunmaktadır. Yani makro atomda proton, elektron ve nötron vardır. Makro atomda proton Rahman, elektron Rahim, nötron Rabb'dir. Mikro atomda ise proton insan, elektron cin, nötron şeytan sistemidir (şeytan değil şeytan sistemi olarak ele alacağız şeytan ise nötrinodur, özetle şeytan sistemi Rabbi'l-âlemin mekanizmasının denetleme birimi gibi çalışarak insanların mevcut insan olma seviyesini belirler, diğer surelerde buna yer verilecektir).

Alak hâlindeki proton, elektron ve nötrondan oluşan yapıların birleşerek oluşturduğu hücre ikiye bölünerek artı ve eksi yani proton ve elektron olarak dişi ve eril genetik özelliği taşıyan hücreleri oluşturdu. Âdemi oluşturan bu nötronlu yapı Rabb olarak, âdem denen hücrenin bölünmesi ile insanı oluşturmuş oldu.

Makronun ilk yaratımdaki safhâlârından olan Rabb'in ***Alak***ı, âdemi oluşturduktan sonra âdemden de insanın oluşmasıyla insan için, Rabb'in ***alak***ından hâlk edilmiş bir formattır, bir tecelliyattır deriz. Bu algoritmaların tekrar edilmesi ile insan denen yapı, kendinde bulunan Rabbsel özelliklerin aktif olmayan yani hala nefsânî oluşu nedeni ile ***"bilmediği"*** 12 sarmallı özelliklerini yeniden ortaya çıkaracaktır. ***"İnsanın programı"*** diye sürekli yinelediğimiz şey de aslında insan denen yapının kimliğidir.

Daha önce belirttiğimiz gibi dünya yaşantımız için Fatiha suresi, yaratım katındayken henüz daha insan bile değilken Rabb ile yaptığımız sözleşmedir - akittir. Bu akdimiz dünyada iken ilk halimiz olan Rabbsel özelliklerimizi ortaya çıkarmak, Rabbe teslim olabilmektir. İhlas suresi, bu sözleşmede söz verdiğimiz gibi dünyadaki amellerimize göre yeniden ilk hâlimize dönmeyi başardığımızda alacağımız geri dönüş vizesi, ***Alak*** suresi ise sözleşmemizi bilincimiz (şuur) açılarak söz verdiğimiz gibi yerine getirebilir olmamızı sağlayacak olan algoritmadır.

Şuurumuzu açarak bizdeki bizi aktifleştireceği için unuttuğumuz o ilk hâlimizi yeniden hatırlayacak ve rücû edecek, vizeyi alabilir olacağız. Hatırlamadığımız sürece, gerçek insanî özelliklerimizi devreye alamamakta ve nefsin illüzyonunda takılı kalmaktayız. Bu da bir türlü ilk yaratılan ***nur*** hâlimize dönemeyişimize neden olmaktadır. Hatırlamamız veya hatırlayamamamız (nefste kalmamız) durumlarında nelerle karşılaşacağımız, nasıl yaşayacağımız, nasıl bir işletim sisteminin olduğunu sonraki ayetlerde (algoritmalarda) göreceğiz.

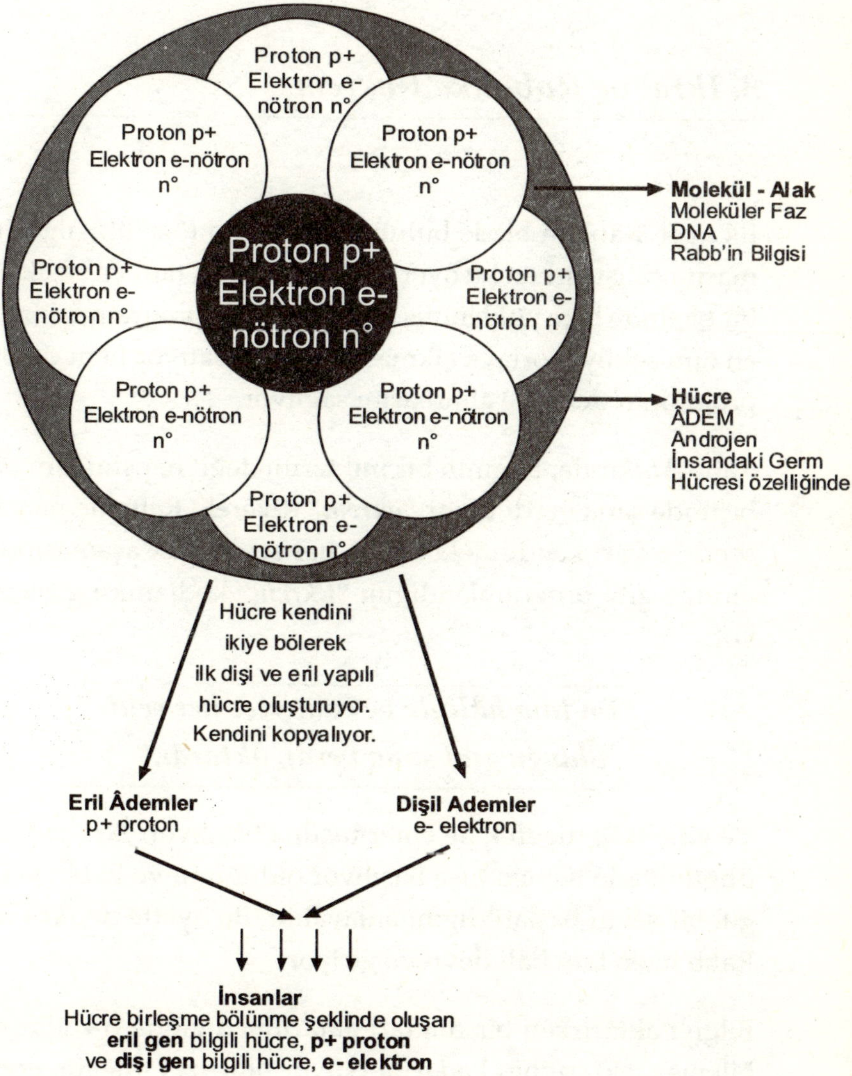

Şekil 2: *Yaratımdaki İlk hücreden (Âdem) İnsanın oluşumu*

3. Ikra' ve Rabbüke'l-ekrem

İlk ayet, Rabb'in bizde bulunan bilgisinin (özellik) algoritmasını çalıştırırken bu ayet de o bilginin en tam ve eksiksiz bir biçimde bize yüklenmiş olduğunun ve programın bizde en tam şekliyle ortaya çıkmasını hem anlatıyor hem de bu programın devreye alınmasını sağlıyor.

Rabb ***Alak***ında, bilginin bir miktarını değil hepsini tam bir biçimde sana verdi diyor ***"ekrem"*** diyerek. Rabb'de ne var sende o var, kendindeki bütün her şeyin alak aşamasında olduğu gibi programlandığını ***"Ekrem"*** kodlaması gösteriyor.

"En tam hâliyle ve cömertçe her şeyi olduğu gibi sana verdi, aktardı."

Ve yine ***ikra*** diyerek de enter tuşuna basılıyor. İkra'yı gördüğümüzde hemen tuşa basılıyor olduğunu ve Rabb ile ilgili bir şeyin başlatıldığını anlayalım. Bu ayette de ***ikra*** ile Rabb'in en tam hâli devreye giriyor.

Bilgiyi aktarırken bir miktarı aktarılmadığında o kadarını bilemez, aktarıldığı kadarını biliyor oluruz. Örneğin -sonraki ayetlerde göreceğimiz gibi insanın yaradılışı ile ilgili- "Orada bozguncu mu yaratacaksın?" dediklerinde Rabbimizin "Ben sizin bilmediklerinizden âlîyim." dediği işte birinci ayette de "bi-ismi Rabbike'l-lezî" üçüncü ayette "Rabbike'l-ekrem" ile anlatılan insanın Rabb'in tam ve eksiksiz biçimde bütün özelliklerinden yaratılmış olmasıydı ki ***meleklerin*** bilmediği de buydu.

Bütün yaradılış bilgisinin içine yüklendiği ilk tek hücre olan âdemden yaratılan, bütün kâinat, bütün varoluş bilgisini, dolaylı olarak içinde barındıran insan denen nüvedir... Tüm bu özelliklerin insanda bulunması Rabb'in ekrem özelliğindendir.

Rabb'in özelliklerinden müteşekkil insan sendeki Rabbi bul!

Kendini bulan Rabbini bulur,

Kendini bilen Rabbini bilir.

4. Ellezî 'alleme bil-kalem

"Kalem" kodu Kur'an'da bir şeyin programlanması, yazılması anlamındadır. Bu yazılım bir şeyin nasıl işleyeceğini belirler. ***"Alleme"*** ise programların yüklenmesini ifade eder.

"O ki Kalem olarak öğretti." olarak görülen meal, Kur'an'daki frekans dili ile baktığımızda *"Yazılan programı yükledi."* şeklinde olarak anlıyoruz.

"Rabb'in öğretmesi" anlamı, Rabb'deki Rabbsel özelliklerin- bilgilerin ***alak***'a yüklenmesi anlamındadır. Kalem olarak öğretmesindeki "kalem"den mânâ, DNA molekülünün bilgiyi sürekli an be an her seferinde yazması ve yeniden yazması her defasında yeni bilgiyi işleyerek yazmaya devam etmesidir. Yaratımda bunun böyle tasarımlanmasının sebebi, yüklenmiş olan bilginin dışında bilinmeyenin kendi içinde sürekli sürekli tekrar ve tekrar yazılmasını, işlenmesini sağlamaktır.

Kalem, DNA'daki bilginin deneyimlere göre değişmesi ile yeni oluşan bilginin, RNA tarafından sürekli yazılmasının program ismi, diğer ifade ile algoritmasıdır.

İkra ise ***alak*** hâli ile ilgili bir programdır. Âdemin yaratılışından hemen önceki ***alak*** aşamasında DNA moleküllerine Rabb bilgisinin yüklenmesi, programlanması şeklinde olduğundan bahsetmiştik. Böylece âdemin özellikleri burada belirleniyor. Âdem nasıl bir yapıda olacak, ne tür bilgiye sahip olacak, bildiği ne olacak, bilmediğini nasıl biliyor olacak gibi özelliklerin İKRA programı ile ***alak*** hâlinde tanımlanmasıdır.

Yani Rabb'in alaka yüklenen özelliklerinin yazılarak programlanması ***kalem,*** bu programların yüklenme işlemi ***alleme,*** yüklenen özelliklerin devreye girmesi ise ***ikra*** ile gerçekleşiyor.

Yaratımın ilk aşamasında bahsettiğimiz ***ikra*** ve ***kalem,*** insan oluştuktan sonraki insan formu için de geçerlidir. Yani ***ikra*** programı insanda yüklenmiş Rabbsel özelliklerin ortaya çıkarılmaya başlaması olup DNA ile ilgilidir. Kalem ise insanın bilmediğinin yani henüz deneyimlemediği şeylerin her deneyimlediğinde sürekli DNA'da yazılıyor ve işleniyor olmasıdır, RNA ile ilgilidir.

Bunun yanı sıra ***kalem,*** insanın var edilmesinin ***alak*** aşamasına kadarki sürecinin ve *Alak*'tan sonraki aşamada kendi kendini var etmesinin yazılımıdır. Çünkü insan, rahimde zigot ve alaktan sonra kendi kendini var etmektedir.

Alak'tan hemen sonraki aşamada sırası ile ete kemiğe bürünmesi, organlarının oluşması insanın bilmediğidir. Bu kalem programı ile gerçekleşmektedir. Böylece bilmediğini bilir olmaktadır. Öyle ki, rahim içinde bütün o organların, saçın, derinin, cinsiyetin vs. oluşmasını hem de hep aynı sıra ile olmasını kim söylüyor! Önce sinir hücreleri ve beyin oluşsun sonra kalp oluşsun sonra göz yumruları oluşsun uzuvları oluşsun vs. diye kim söylüyor! Hiç kimsenin söylememesine rağmen insan, nasıl oluyor da rahim içinde hem de belli bir sıraya bağlı kalarak oluşabiliyor!

İşte *Alak*'tan sonraki bu safha "ellezî 'alleme bil-kalem" "alleme'l-insâne mâ lem ya'lem" olarak ifade edilen kodlamalardır.

Yaratımda ademden oluşan insan öyle programlandı ki, hiç kimsenin bir şey söylemesine gerek kalmadan anne rahminde kendi kendini var edebiliyor. Bu programlama "Rabb'in bilmediğini kalem olarak öğretti" ayetindeki öğretmesidir.

Özetle; ***kalem*** yazılmış program, ***alleme*** programın yüklenmesi, ***ikra*** ise programı devreye koyan komuttur.

Başka ayetlerde "O bizim değerli yazıcılarımız..." diye bir ifade kullanır. Bizim bu yaklaşımımızı destekleyen bu ayet de algoritmaların yazıcılar tarafından yazılmış olduğunu ifade etmekte, program yazan yazılımcılar olduğunu bildirmektedir.

Bunun yanında Rabb aynı zamanda bir öğretici, öğretmendir. Rabb'in kalem ve alleme özelliğinden dolayı bizde tüm kâinatın bilgisi yüklenmiş olsa da kendimizde açmadığımız, hakikati hatırlamadığımız sürece bilmiyoruz demektir. Bu bilgileri ilimle hatırlayarak yani ikra ederek açıyoruz. Kalem ile Rabb'in tüm bilgisi bize yüklenmiş olsa da bizde kilitlidir. Kilitleri ikra ile açıyoruz. Yani ***ikra*** varlığımızdaki tüm yüklenmiş programları bir bir açmamızı sağlamaktadır.

Tüm bilgilerin görünür olması, bilme hâline ulaşılması "ellezî 'alleme bil-kalem" sistemi ile oluyor. Rabb, henüz bilmediğimizi bu sayede bildirir oluyor. 12 sarmallı olup yalnızca 2 sarmalını aktif olarak kullandığımız, 10 sarmalı ise kilitli olan DNA'mızın, pasif olan sarmallarının aktifleşerek tekrar 12 sarmallı hâle dönmesi ile de yine bilmediğimizi bilmiş olacağız. Zira DNA'daki bilgiyi, sarmallarımız pasif olduğu sürece biliyor olamayız. "Ellezi alleme bil-kalem" algoritması ile 12 sarmal aktifleşmekte, "rabbikel ekrem" olarak bilginin tamamı bir bir hâsıl olmaktadır (ortaya çıkan; görünen).

Rabb'in bilinmeyeni öğretme formülü ile bu bilinmeyeni de öğrenir olabiliriz ki bu ayet bizatihi bunu da sağlamaktadır.

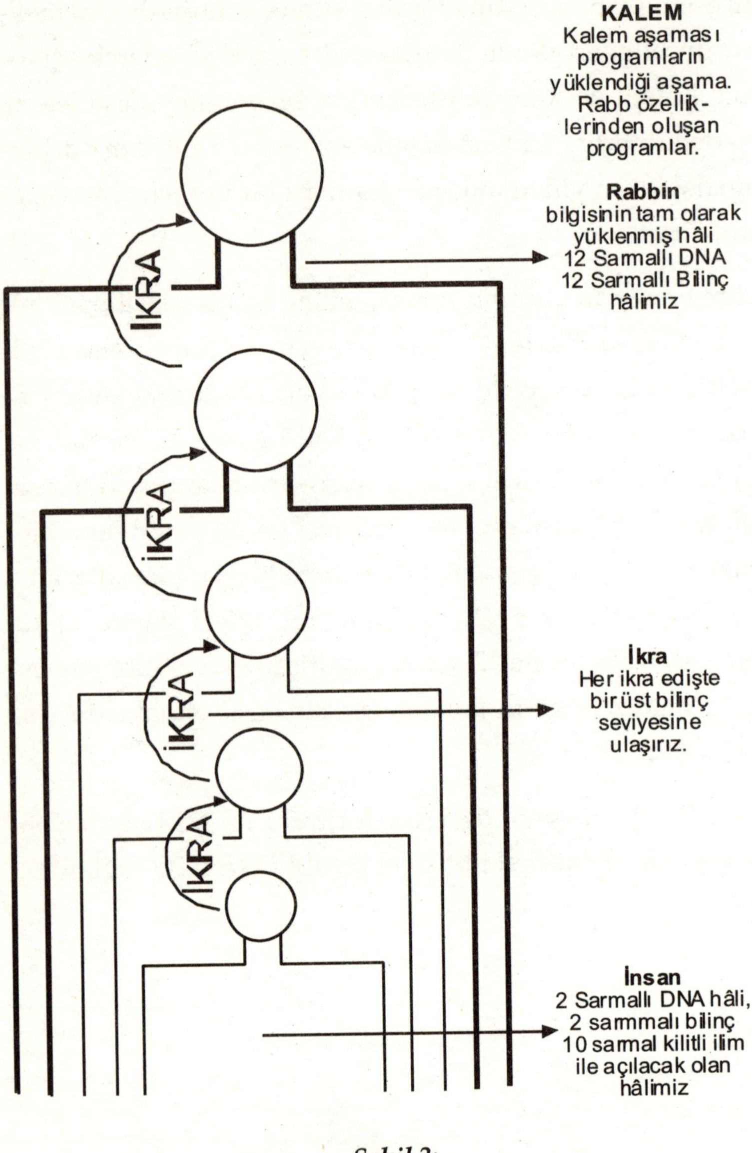

Şekil 3:

İnsanın, 2 sarmallı en alt bilinç seviyesinden 12 sarmallı bilinç seviyesine ilerleyişi

Şu an bulunduğumuz en alt bilinç seviyesi olan 2 sarmallı hâlden ilk yaratımımız olan en yüksek bilinç seviyesine, ***ikra*** ettikçe adım adım yükselerek kendimizdeki kilitli sarmalları açacağız. Bilinç basamaklarımızda ilerleyecek ve en sonunda ilk yaratıldığımız hâl olan 12 sarmalı aktive etmiş olacağız. Her ***ikra*** edişte bir sarmalı aktive edeceğiz. Yani ***ikra*** ile kilitli olan sarmalları açarak aslımız olan Rabbsel hâlimize ulaşacak, Rabbe rücû edeceğiz.

***

Bulunduğumuz Rahim korunaklı ortam demektir. Pek çok diğer anlamlarından biri olarak ***rahim boyutu***nda bulunurken, tıpkı anne rahmindeki gibi gelişeceğiz bu gelişimdeki öğretici bahsettiğimiz gibi Rabb sistemidir. Yani hem Rabb'deki bütün özellikler insana yüklenmiş hem bu özelliklerin ortaya çıkması için Rabb programları insanda çalışarak pek çok algoritmanın devreye girmesi ile insan eğitilmiş oluyor hem de yine bu özelliklere göre insan denetlenip kontrol ediliyor. Bu kontrol-denetleme, insanda bulunan Rabbsel programlardan hangisi devreye girmiş hangisi devrede olmadan yaşam sürülüyor şeklinde bir karşılaştırma ile yapılarak böylece insanın gelişimi belirlenmiş oluyor.

Rabb, bir varlık ya da başka biri gibi düşünülmemeli. Rabb özellikleri dendiğinde, insan yaratılırken insana yüklenmiş olan ve insanı insan yapan asli programlar aklımıza gelmelidir. Bizlerde bulunan bu "Rabb programları" fabrika ayarlarımızdır yani insanın en mükemmel, en bozulmamış, en saf hâli diğer ifade ile insanın "default" ayarıdır.

Her programı bizde çalışan sistemler olarak tanımlarsak, **Rabb de insandaki en mükemmel hasletleri (özellikler) ortaya çıkaracak olan bunu da hayat ortamında karşılaştığımız deneyimlerle öğrenerek, ibadetlere yönelerek, ilim alarak yapmamızı sağlayan, denetim ve kontrol yapan orijin programdır (ana yaratım programı).** İnsan, işlediği tüm amelleri yine kendinde yüklü olan "doğru-iyi" programlara göre kendi sisteminde denetler ve bu denetlemenin sonucu olarak hayatında karşılaşacağı durumları ve kişileri önüne getirir. Tüm bu programların hangisini aktifleştirdiğimize bağlı olarak realitemizi yaşarız.

5. Alleme'l-insâne mâ lem ya'lem

"İnsana bilmedikleri programlandı "

Alleme kodunun, yazılmış programın yüklenmesi olduğunu söylemiştik. Burada da yine alleme kodundan, algoritmalardan oluşan programların insana yüklenmesini anlayacağız. Ya'lem, aslında var olan ancak var olduğundan haberdar olunmayan bilginin varlığında çalışan koddur. Bu kodu "bilmediği" şeklinde ifade edebiliriz. Bu ayeti, bilmediğinin insana program olarak yüklenmesi şeklinde değerlendirebiliriz.

Demek ki insanın bir bildiği bir de bilmediği var. Peki, bildiği ne, bilmediği nedir?

Bir önceki ayetin devamı olarak her iki ayeti birlikte ele aldığımızda, **"Rabb tüm programları yükledi ve bilinmeyeni de yükledi."** olarak anlayabiliriz.

İnsana Rab tarafından "malem" kategorisinde yüklenmiş olan programlardan biri de Resul programıdır. Bakara 151 ayetinde (algoritmasında) belirtildiği gibi, insana yüklenmiş resul; kitabı, hikmeti yani doğruyu yanlışı, yanlışa düşüldüğünde doğruya yönelmeyi sağlayan bilmediklerimizi öğreten bir program bulunmaktadır. Rab bunu bizde bulunan Resul programı ile gerçekleştirmektedir.

Rabb'in *alaka* yüklediği kendi özelliklerinden oluşan programlar, insanın "bildiği" kısmı teşkil ediyor. Bilmek fiilini kapsamak olarak ele alabiliriz. Yani Rabb'in tüm özelliklerinin bünyemizde var olması o özellikleri kapsıyor olmamız demektir bu "bilme" olarak ifade edilmiştir. Aslında var olmasına rağmen, bilgiyi farkındalık ortamımıza getirmemiz ile o bilgi "***kapsanmak***" hâlinden "***bilmek***" hâline dönüşmüş olacaktır. Aksi halde bilgi varlığımızda olduğu halde biz farkında değiliz demektir. Böyle olduğu sürece o bilgiyi kapsıyor fakat bilmiyor oluruz.

Rabb'in tüm özelliklerinden yaratılmış insanın hâlâ bilmediği ne olabilir ki?

Bilmediği kısmı iki şekilde ele alalım:

İnsanda olup da farkında olmadığı bilgi, *bilmediği* kategorisine giriyor bunun yanında bir bilginin hiç olmaması da yine *bilmediği* kategorisindedir. Yani kişi ya hiç bilmeyebilir ya da bilgi vardır ama o bilginin farkında olmayabilir.

Bilmediğinin öğrenilmesi, hiç bilmediği yeni bir bilgiyi ilk defa öğrenmesi-bilinir olmasıdır. Diğer şekli ise kendisinde var olan fakat fark etmediği bilgiyi ilim ve idrak ile açarak bilir olmasıdır. Birinci anlamı ile hiç bilmediğini öğrenmesini, anne rahminde insanın kendisini yaratması ve yaşam içinde yeni deneyimlerin kendisinde her defasında yazılması (kayıt edilmesi) şeklinde tanımlamıştık.

Bilmemenin diğer şekli için şunları söyleyebiliriz. Şuur (farkındalık) alanımıza getiremediğimiz bilgi bizde var olsa da bilmiyoruz demektir. Henüz farkında olmadıklarımızı kendimizde açabilir olmamız da programlanmıştır. Bu ayet bilginin ortaya çıkma algoritmasıdır.

Algoritma, idrak etme programı olarak her idrakte Rabb'in bizde bulunan özelliklerini hayata getirmemizi, öğrenmemizi sağlıyor. Bilmediğimizi bilir oluyoruz ki buna ileride hatırlamak diyeceğiz.

O hâlde bu ayet ile çalışan algoritma, insanda var olmasına rağmen henüz farkında olunmayan bilginin ortaya çıkarılmasını sağlayarak bilinmeyen bilinir oluyor. Hem de hiç bilmediklerimizi de yaşayarak deneyimlerle elde ettiğimiz kazanımlarımızla bilir olmamızı sağlıyor.

Diğer yönü ile ele alacağımız *bilmediği* kısmını biraz daha açıklamak için yaradılışımızın ilk hâlini tekrar hatırlayalım.

Nur olarak başlayan yaradılış serüvenimiz insan olana kadar devam etmiş, bu süreç içinde pek çok aşamadan geçerek tekrar yaratılmışız. Her fazda tekrar ve tekrar var olmuşuz ve nihayet alak olduğumuzda, Rabb merciinde Rabb'in bütün bilgisi ***alak***a yüklenmiştir. İşte bu yüklenen, bilginin bilinen kısmı iken kalem olarak bilinmeyenin öğretilmesini şöyle açıklayalım:

Daha önce sorduğumuz soruyu yineleyelim; bebeğin oluşumundan önce sperm hücreleri ana ortamına geldiğinde yalnızca bir tanesi rahim içine giriyor.

Peki, bu sperm hücresi, rahme düştüğü andan itibaren ne yapacağını nereden biliyor?

Rahimde hızlıca ilerleyip yumurta hücresi ile birleşerek zigot oluşturduktan sonra önce dörde sonra sekize sonra on altıya bölünüp böylece ***alak*** haline gelmeyi, yine sırası ile beyin ile omurgayı sonra kalbi sonra da diğer tüm organları oluşturmak gibi bir dizi sıralı işlemin yerine getirilmesini söyleyen biri mi vardı rahmin içinde?

Elbette rahimde bunu söyleyen biri yok. Peki, bir hücre bütün bunları yapmayı hem de sıralı bir biçimde yapmayı nereden biliyordu!

Sperm hücresinin *bilmesi,* bir arının bal yapmayı, örümceğin ağ yapmayı, gülün gül kokmayı bilmesi gibidir. Bu programlanmış bilginin kendiliğinden çalışmasıdır.

Hücre, ***alak*** oluşana kadar olması gerekenleri kendisinde yüklü olan programların gerçekleşmesi sayesinde *biliyor.* Bu aşamada elbette bir bilinç olmadan yalnızca programlarla bir işleyiş gerçekleşiyor. ***Alak*** hâlinden sonra bir insanın oluşmaya başlaması ise *bilmediği* kategorisine giren ve de *"bilmediğini öğretti"* denilen bölümdür. Bebeğin bedeninin oluşmaya başlamasına kadar sıralı program düzenli bir biçimde otomatik olarak çalışarak hep bir sonraki safhayı meydana getirirken alaktan sonraki organların oluşumu, ete kemiğe bürünmesi velhasıl bedenin oluşumu varlığın kendi bilinci ile yaptığı bir oluşumdur. Çünkü tüm oluşum aşamaları içinde bir tek bu aşamada bilinç bulunmaktadır. Önceki safhâlârın tamamında süreç yalnızca yazılmış programlarla ilerlerken bu aşamadaysa programlarla birlikte aynı zamanda bilinç ile gerçekleşmektedir. O sebeple rahimde, **insan kendi kendini var etmektedir**. Bilmediği ve öğretilen işte bu bahsettiğimiz **kendi kendini var etmesidir.**

Rabb insanı yarattı,
insan kendini yarattı!

Rabb mekanizmasında insan hâlâk edilirken Rabb'in özelliği ile var edildiğinde, alak hâlinden insana dönüşmesi beşerin bildiği bir şey değildi. Bu, insana kalem olarak öğretildi -program olarak yazıldı-. Bilmediği rahimde ete kemiğe bürünmesi idi. Yani "bilmediğini öğretti" ayeti insanın kendi kendini var etmesinin algoritmasıdır. İnsan, başta bir hücre olarak bir sürü yollardan ve kademelerden geçmek suretiyle ***alak*** hâlinden sonra cenine dönüşmesi ile adeta kendi kendini var eden bir canlı olmuştur.

5. ayet insana yüklenmiş olduğu için alak aşamasından sonraki tüm safhalar gerçekleşir olabilmektedir. Bu nedenledir ki, "Allemel insane malem yalem" ayeti olmasaydı embriyondan sonraki, varlığın ete kemiğe bürünmesi, organların oluşumu gerçekleşmezdi. Özetle malem yalem kodu insanın kendini var etme programıdır.

Alak Suresinde, Rabb'in özellikleri ile birlikte bir de bilmediğimizi öğrenmenin de programlandığını ayetten anlamış oluyoruz. Yani insan aynı zamanda öğrenmeye, bilmediğini bilmeye de programlıdır.

Bildiğimiz her şeyi hatırlamaya ihtiyacımız var. Bu ancak idrak ile mümkündür, idrak ise ***İKRA*** etmek ile hâsıl olur. Bunun gerçekleşmesini sağlayan algoritmalar suredeki her bir ayetle insana kodlanmıştır.

Bilme hâlinin verdiği sorumluluk çok önemli, buradaki sorumluluk bildiğimiz andan itibaren bilgiyi hayatta tatbik etmektir.

***

Rabb bir öğretmendir ve öğrenmeye geldiğimiz *rahim boyutu*nda bize bilmediğimizi de öğretir, hatırlamadıklarımızı da hatırlatır. Elbette ki birinin gelip bize bir şey anlatması şeklinde değildir bu. Tüm bu öğretme biçimi yazılmış olan algoritmalarla mükemmel şekilde işler ve öyle ki kimin hangi bilgiye ihtiyacı varsa o bilgi o kişiye çeşitli yollarla verilir.

Tüm detayların ötesinde yaratılışımızın temel amacı öğrenmektir ve biz her an öğreniyoruz.

Dünya üzerinde yaşam sürerken her yeni deneyimde tekrar ve tekrar öğrendiklerimiz bizim haberimiz bile olmadan DNA'ya kayıt ediliyor. Bu sistemin işleyişi bu ayetler (algoritmalar) ile gerçekleşiyor. Yaşam içinde bilinç seviyesinde iki kez İkra etmeliyiz zira surede de iki defa İkra geçmektedir.

İlk İkra'da bilgi ortaya çıkar. İkinci İkra'da bilgi idrake dönüşür, idrakin gerçekleşmesi ile artık kişi yalnızca biliyor değil o bilginin kendisi olmuştur.

Özetle diyebiliriz ki, henüz hatırlamadığımız Rabbsel bilgileri hatırlar olmamız algoritmalarla gerçekleşiyor. Rabb programı bu algoritmalar ile insanın öğrenmesini, gelişmesini sağlamış oluyor.

Bilginin bilinir olması 2 biçimde gerçekleşir. Birincisi, hiç bilmediğimizi her yeni deneyimde öğrenmemiz iken ikincisi ise var olan ancak farkında olmadığımız bilgiyi hatırlamamız şeklindedir (*bknz. Diyagram 1*). Bu **hatırlama** da **ilim ile kilitleri açma yöntemi ve hayat tatbikatıyla sağlanır** (daha sonra değineceğiz). Her iki şekilde de ***İKRA*** devrede olarak algoritmaların işlemesini sağlar böylece bilinirlik gerçekleşmiş olur.

BILMENIN YOLU

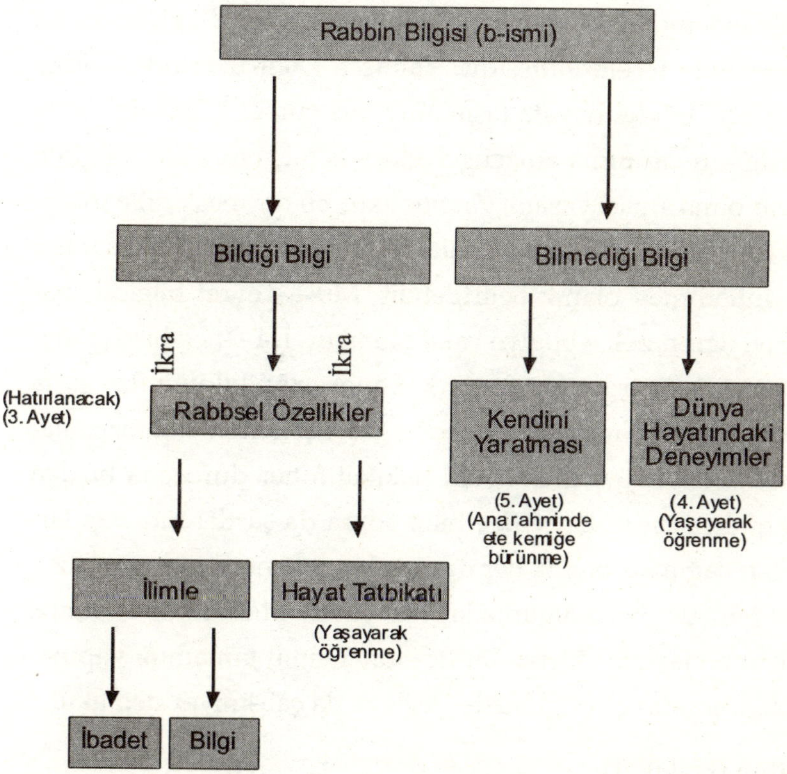

Diyagram 1:

Bilginin Akış Diyagramı. Yaşamda, bilmenin yolu

Temel amacı bilmek olan yaşamımızda bildikten sonra ne olur ? İlim ile bildiğimiz bilgi yaşamımızda ifade bulmalı yani karşılaştığımız durumlarda, girdiğimiz her ortamda bilgi her söylemimizde üslup olarak bulunmalı, bildikten sonra söyleme dönüştürdüğümüzde hala yetmez bir de bilip, söylediğimiz bilgiyi yaşamımızın her alanında eylemeliyiz. Öylece yalnızca bilgi olarak kalan, söyleme ve en önemlisi eyleme dönüşmemiş bilgi bilgi değildir. Bilginin amacı yaşamda tecelli etmesidir. Yalnızca kâğıt üzerinde kaldığı sürece, bilgiyi hayata taşımadığımız sürece bilmenin ya da bilginin var olma amacı gerçekleşmemiş olur. Zira bilginin var olma amacı yaşamı var etmektir bu da ancak fiille mümkün olur. Kuranda bu sıralama kodlama olarak Musa, İsa, Muhammed olarak belirtilebilir. Musa-Tevrat bilgidir, bilgiyi öğrenmek o bilgiye vakıf olmaktır, İsa - İncil bilgiyi söylemektir, yaşamımızda fark etmeksizin bildiğimizi şarta bağlı kılmadan, değiştirmeden gerekçelerden bağımsız olarak bilgiyi söylemektir. Bu hakikatin her durumda bizden konuşmasıdır. Öncelikle bilip sonra da şartlardan koşulardan bağımsız olarak her durumda söylemede olduğumuzu, eylemeye başladığımızda biz artık Muhammed olmuş Kur'an'laşmış oluruz. Bu üç sıralamanın tamamını yapmadığımız sürece bilgi bizde eksik ya da çalışmıyor demektir.

İlim (Hakikat)

1- Musa-Tevrat » Bilmek

2- İsa-İncil » Söylemek

3- Muhammed-Kuran » Eylemek

Alak İlk 5 Ayetin Şifresi

Buradaki ayetlerin hepsi birbirine atıf yaparak birbirinin içinde ve dışında, iç içe dış dışa bulunuyor. Böylece tüm ayetlerin birbirine bağlandığı muazzam bir sanat çıkıyor ortaya. Şimdi kendi içinde şifreli, bilince göre açılan bu sanat eserine birlikte bakalım...

İkra bi-ismi rabbike'l-lezî hâlâk Hâlâke'l-insâne min 'alak
İkra ve rabbike'l-ekrem Ellezî âlleme bil-kalemAllame'l-insâne
mâ lem ya'lem

Aynı olan kelimeleri bir araya getirelim..

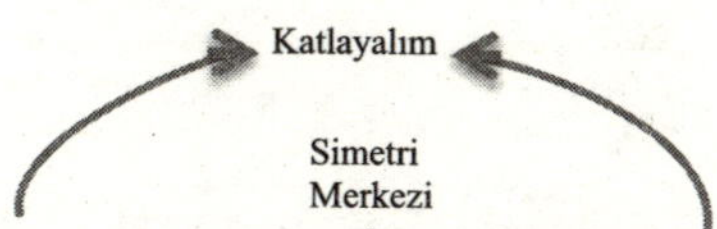

İkra Rabbike'l-lezî Hâlâk | Hâlâk İnsâne

İkra Rabbike'l-lezî Alleme | Allame İnsâne

(Simetri merkezinden katlandığında Rabb ve insan **bir**leşir, bu **bir** olma hâlini *İKRA* sağlar)

Şifre Açılımı

Simetri merkezinden katlandığında Halak Halak ile, Alleme Alleme ile, İnsan Rabb ile birleşir. Bu birleşme İkra ile gerçekleşir böylece İnsan, Rabb olur. İnsanın **Rabbini bulması** İkra ile, **Rabbini bilmesi** İkra ile gerçekleşir ve insan kilitlerini bir bir açarak kendindeki Rabb programlarını devreye koyar böylece Rabbselleşir (rabbin kendinde bulunan tüm özellikleri ortaya çıkararak yaşamın her alanında bu özelliklere göre davranması).

Kendini bulan Rabb'ini bulur

Kendini bilen Rabb'ini bilir

Şekil 4:
İkra ile programların başlatılması.

6. Kellâ inne'l-insâne leyatğâ

Kella kodu kendinden önceki algoritmayı sonrakine bağlar ve sonraki algoritmayı kesinleştirir. Bu kod kendisinden sonraki devam eden algortimaya hüküm verir. Bu hüküm kelladan önceki algortimanın ihlal edilmesi ile kella-dan sonraki hüküm devreye girer.

Burada kella kodundan önceki algoritmada, insana bilmediğinin yüklenmesine rağmen kelladan (bunun ihlal edilmesi kodu) sonra insanın bunları hiçe saydığı, kendisine Rabbin her şeyi vermesine karşın benlikle tavır takındığı bir sonuç oluşturuyor. Kelladan önce Rabbin bilgisinin insana yüklendiğini kelladan sonra bu yüklenen bilgiye rağmen aynı zamanda kişinin bu özelliklerini devreye koyamayarak benlikle davrandığını anlamalıyız.

Kellâ ve inne'l kodlarının üst üste gelmesi, durumun kesinliğini pekiştirerek sonraki kodu, "mukeddarat" yani olmazsa olmaz şekline sokarak o şeye bir özellik veriyor. Burada da bu kesinlik "insane leyatğa" için geçerli oluyor. Böylece anlaşılıyor ki insanda Rabb özellikleri varken bir de leyatğa özelliği bulunmaktadır.

İnsane programı; nefs, beşer, adem, ruhsal yanları olan bir programdır.

Leyatğa programı ise insandaki "kendilik" zannı (benlik), nefs programıdır.

Buraya kadarki ayetler, mikro seviyede (ana rahmindeki yaratım) ve makro seviyedeki (***rahim boyutu***ndaki yaratımımızın) algoritmaları yani işleyişleri verdi.

İnsan, Rabbin özelliklerinden müteşekkil yaratılmıştır. Varlıkta olan bu özellikler fiziki kuvvetlerle buluştukça (yaratımın ilk aşamasından insan oluşuncaya kadarki tüm süreçler) oluşan çekim kanunları ile katman katman koza içinde hapsolur. Gaye bu hapsolunanı, ömür boyunca ortaya çıkaracak fiiliyatlar meydana getirmektir. Safi durum aşikâr olana kadar birey bir bir kabuklaşmış katmanlardan arınarak ilk yaratılmış hale dönüşür.

İlk halimiz olan Nur katından aşağı doğru inildikçe ta ki insana gelindiğinde artık tüm bu özellikler tamamen kalın bir kabuk içinde hapis kalarak insan tarafından hatırlanamaz olmuş yani yaratımın en başında tüm bilineneler aşağının aşağısına gelindiğinde tamamen unutulmuş olmuştur.

Yukarıda sözünü ettiğimiz çekim kuvvetleri mikrodan makroya ve ikisi arasındaki tüm boyutları bir arada tutar. Beden oluşması neticesinde ***nefs*** diye tabir edilen doğal yapı ise kozanın ta kendisidir.

Hakikat, nefs kabuklarında böylece hapsolmuş yani kozalıdır, illüzyon ile çepeçevrelenmiştir.

Nefsin, katmanlardan oluşan kabuk fazlarının hangi kuvvelerden meydana geldiğini görelim. Yaratımın ilk fazı olan nur fazında bulunan nursal yapı kendi içine harmoni yapan ters gravitasyon ((-) gravitik ortam), singularity (tekillik) alanıdır. Nurlar burada **"dabha kuvveti"** sayesinde bir arada bulunur. Nurun kimi yapıları, ters gravitasyonu **"kadha**

kuvveti" sayesinde yenerek birleşir ve **enerji porlarını** oluşturur. Nurların birleşimi ile oluşan bu yeni faz, özü nur olan ama kendisi asla nur olmayan enerji fazıdır.

Bu fazdaki enerji partiküllerinin bir kısmının **"subha kuvveti"** bilimsel ismi zayıf nükleer kuvvet sayesinde kendi içinde birleşerek bu kez de "***balçık***" denilen bilimsel ismi ile **kuarksal (balçık) evren** oluşur. Enerji paketlerinin örgülenimleri ile yeni bir faz oluşmuş olur. Oluşan kuarkların, **"naka kuvveti"** bilimsel ismi güçlü nükleer kuvvet sayesinde kendi içinde birleşerek öbekleşmesi ile proton ve nötron kuarklarından oluşan ***atomik evren*** meydana gelir. Atomlar, **"cema kuvveti"** bilimsel ismi elektromanyetik kuvvet sayesinde bir araya gelerek ***moleküler evreni*** oluşturur. Moleküller, **"kenud kuvveti"** sayesinde birleşerek ilk canlı organizma olan **hücre** yapısını alır (bu kuvvetlerin ne olduğuna ilgili surelere geldikçe detaylı değinilecektir).

Böylece tüm makro yapının bilgisini içinde barındıran ve aynı zamanda tüm bildiklerini unutmuş, kendisine kadarki katmanların üst üste istiflenmesi ile nefsani yapı kazanan ***ilk tek hücre*** meydana gelmiştir.

İşte bu her oluşumdaki çekim kuvvetleri örülerek koza şeklinde evrenlerden, âlemlerden oluşan makro, kendisi ile aynı olan mikro bir yapı kazanır. Katman katman olan çekim kuvvetlerinin sonucunda doğal olarak oluşan nefsin programı ***leyatğa'***dır. Diğer bir ifade ile bu kuvvetler leyatğa ile ilgilidir.

***

Nefs, hakikati unuttuğu için kendinden başka bir şeyi bilmez. Yalnızca ***benliğini*** bilir ve ona göre davranış sergiler. Bu özelliği ile her şeyi kendinden bilerek dünya denen hologramik ortamın sanallığına kapılıp hakikat-ten daha da uzaklaşır. İşte tüm bunları çalıştıran böyle olmasını sağlayan program leyatğa programıdır.

Leyatğa devrede ise insan asli halinden tamamen kopuk, gözü hakikate kör, kulağı hakikate sağır, dili hakikati söylemeye lal, baktığı şeyleri gerçek sanma illüzyonunda tamamen benliğe gömülmüş olur. **Leyatğa programı** kişide çalıştığında **putlaşma** yani düşünceye, kişiye, inanca, korkuya, davranışa karşı türlü bağımlılıklar başlamış demektir. Bunun sonucunda tağuta yönelmiş olunur.

Leyatğa aktif oldukça kişiyi zanda tutmaya devam edecektir.

O hâlde anlıyoruz ki insanda bir de "***benlik algısına yönelme***" programı var.

Zanda kalma (unutma) programı embriyon (alak) oluşumundan sonra devreye girer. Bilinç seviyesinde nefsin devreye girdiği safha embriyondan sonra omurga ve beyin oluştuğu an başlamış olur. Çünkü nefsin kullanacağı materyal yaşam boyu beyin olacaktır.

Yalnızca kendini bilir, her olanı kendinden bilir olma hali leyatğa programı ile var olur. Leyatğa programı; beden değil de nursal bir varlık olduğumuzu, Rabbin tüm özelliklerinden oluştuğumuzu, insan olmadan önce ne olduğumuzu velhasıl bildiğimiz her şeyi unutturur.

Bu unutma, yaratımın ilk anından insan oluşana kadarki her katmanın, çekim kuvvetleri ile birbiri içine geçmesi neticesinde oluşan kabuklaşma ile gerçekleşmiştir. Her oluşan kabukta hakikat bir parça daha unutulmuştur. Kabuklaşmanın en son katmanı olan insan oluştuğunda artık tüm hakikat unutulmuş olur. Doğal olarak fizik kanunları gereği bir araya gelerek unutmayı sağlayan her kabuk nefstir böylece insan katman katman nefs kabuklarından oluşmuştur. Hakikat ise bu nefs katmanlarının en derininde kalmış, gizlenmiş, unutulmuş olarak açılmayı beklemektedir. **Böylece Hakikat bir kozanın içine hapsolmuştur!**

7. En ra-âhu-stağnâ

Bu algoritma bir önceki algoritmada bulunan leyatğa kodunun ürünü olarak aktive olan **müstağni** özelliğimizi gösteriyor ve bu program aktive oluyor.

Bu program aktif olduğu sürece sanallıkta kalınmasına neden olacaktır.

Leyatğa programına neden olan nefs kendini her türlü ihtiyacın üstünde görme ile donatılmıştır. Her şeyi bildiğini düşünme, bildiğini zannetmekte bu yüzdendir ki kendini her şeyin üzerinde görmektedir. Demek ki nefs insana hem unutma hem de kendini ihtiyaçsız görme özelliği getiriyor ve böylece insanı sanal bir gerçeklik içinde tutuyor.

İnsan sanallıkta kaldıkça da ***"bildiği"*** her şeyi daha çok unutacak, gerçek olandan (hakikat-ten) uzaklaşacak, uzaklaştıkça da illüzyonda kalarak unutmaya devam edecektir.

Unutan insan Fatiha 5. ayet "iyyâke na'budu ve iyyâke nesta'în" yani "Yalnız sana abd olur ve yalnız senden yardım isteriz-yalnız sana ihtiyaçlıyız." diyerek ihtiyaçlı olduğunu aslında müstağni (ihtiyaçsız) olmadığını hatırlamaya çalışır, bunu devreye alır.

İnsan, 7. ayetteki müstağni özelliğinden dolayı, Fatiha suresi 5. ayette "nesta'în" olduğunu beyan eder. Müstağni programından dolayı devreye giren ***unutma*** özelliği, Fatiha 5. ayet ile aktiften pasif hâle getirilerek yeniden hatırlanır böylece ***bilme*** programı devreye konulabilir olmaktadır.

Peki, neden insan müstağni olma özelliğine sahip? Böylesine muhteşem bir varlık nasıl olur da bu kadar ilkel bir yapıda olabilir?

Yaratım en mükemmel olduğumuz nur hâli ile başladığında, her yeni fazda bir kabuk kazanmamıza karşın hakikatimizi bir parçacık daha unuttuğumuz için Nur olan o ilk halimiz açık şuurlu, insan hâlimiz ise kapalı şuurlu olduğumuz hallerimizdir.

İnsan olunduğunda artık özümüz, 7 katmandan oluşan kabuklar ile çevrelenmiştir. Katman katman kabuklardan oluşan insan, kozası nedeni ile hakikatini hatırlayamaz olmuştur. Adeta hakikat katman katman kabuklarla örülmüş, en derine hapsedilmiştir.

İnsan bu kabuklar nedeni ile illüzyonik bir ortamda, gördüklerini gerçek sanarak hakikatten bihaber yaşamını sürdürmek durumunda kalmakta, nefse daha da bağlandıkça benliğe düşmektedir. İnsanın bu kabuklardan kurtularak hakikati ortaya çıkarması gereklidir. Yeniden o özün, o ilk Rabbsel hâline dönmesine ihtiyacı vardır ki bu istemese de mutlaka olacaktır. Çünkü buna programlıdır ki bir sonraki ayette bu programı göreceğiz.

Peki, insan bu kabuklardan nasıl kurtulabilir ve hatırlamayı nasıl sağlayabilir?

8.İnne ilâ rabbike'r-rü'câ

"İnne" kodu kendinden sonra gelen kodlamaların, önce gelen koda rağmen mutlak surette gerçekleşecek olmasını sağlar. Hangi şart ve koşul olursa olsun aslında bunu engelleyecek bir etmen olmasına rağmen o şey illa ki vukuu bulacaktır.

İnne kodundan sonra rabbiker-rüca kodlamasını görüyoruz. İnne'den önce müstağni özelliği olan insanın, bu özelliğine rağmen Rabbe dönme algoritmasını görüyoruz.

"İlla ki Rabbe rücû edecek" kabuktan (nefs katmanları) kurtulma programı olarak bizde devreye girer.

Hücre ana rahmine geldiğinde rahime doğdu, cenine dönüştüğünde dünyaya (rahim boyutu) doğdu. Burada da iyi insana (ilk özsel hal) dönüşecek. İyi insan olma hâli Rabb'den yaratılışının ilk hâline tekrar dönmesidir. Bu program ile tekrar o ilk özsel hale dönülecektir. Tekrar her şeyi hatırlayacağımızın programı bu ayet ile çalışır.

1-2-3-4-5. ayetler yaratılışımızdaki ***alak hâl***imizi yani embriyoya kadarki bölüm, 6'dan itibaren rahimde bizim kendimizi yaratma hâlimizdir. Tabi bunun yanında her şeyi bildiğini zannetme programından dolayı kendini üstün görme "Ben her şeyi biliyorum" zannı da mevcutken program bizde şunu açıyor (hatırlatıyor) : "Ey uyan kendini üstün sanan, sen Rabb'inden geldin kesinlikle tekrar Rabb'ine rücû edeceksin."

Kur'an'daki her ayetin bir program olduğunu tekrar hatırlarsak perdelenmenin (unutma hali) algoritmik ifadesi 6 ve 7. ayetlerdir, uyanmanın algoritmik ifadesi ise 8. ayettir diyebiliriz.

Peki, hakikate perdelenme hali yani her şeyin en başını unutma hangi aşamada gerçekleşti?

Alak hâlinden hemen sonra rahimde ilk olarak beyin oluşmaya başlıyor. Beyin bize holografik olan, içinde bulunduğumuz boyutun illüzyonunu gerçek zannettiren bunu da projeksiyon sunarak yapan bir cihazdır.

İlk hâlimiz olan nur parçası, omurganın kuyruk sokumundan tutunur ve "can" (asıl ben) dediğimiz işte tam da budur. Can kendisini, omurgayla birleştiği andan itibaren "ben" zannetmeye başlar.

Perdelenme hâli; kendisini her şeyin üstünde görme, bilir olduğunu zannetme bu aşamada başlamış olur. Perdeli olduğu için artık kendisinden önceki hiçbir şeyi hatırlayamaz, şuur kapanır. ***İkra*** programı olmadan da hatırlaması artık mümkün değildir.

Beyne rağmen bu illüzyonik ortamın illüzyonunu görmek, fark etmek yaşam içindeki her fark ediş ***İKRA***'dır. Beyin, gerçekten uzak ve görüneni gerçek zannederek varlığımızı sürdürdüğümüz bir mağaradır. Bu mağara **Hira'dır**.

İkra yaşamda idrak kazandırdığından, her ikra edişte aydınlanma her aydınlanmada ise bir mağaradan daha çıkarız. Böylece beyin illüzyonundan kurtuluşa erer, hakikati görür ve öyle de yaşarız.

Hira mağara, İkra ise mağaradan çıkıştır.
Hira'dan ancak İKRA ederek çıkarız.

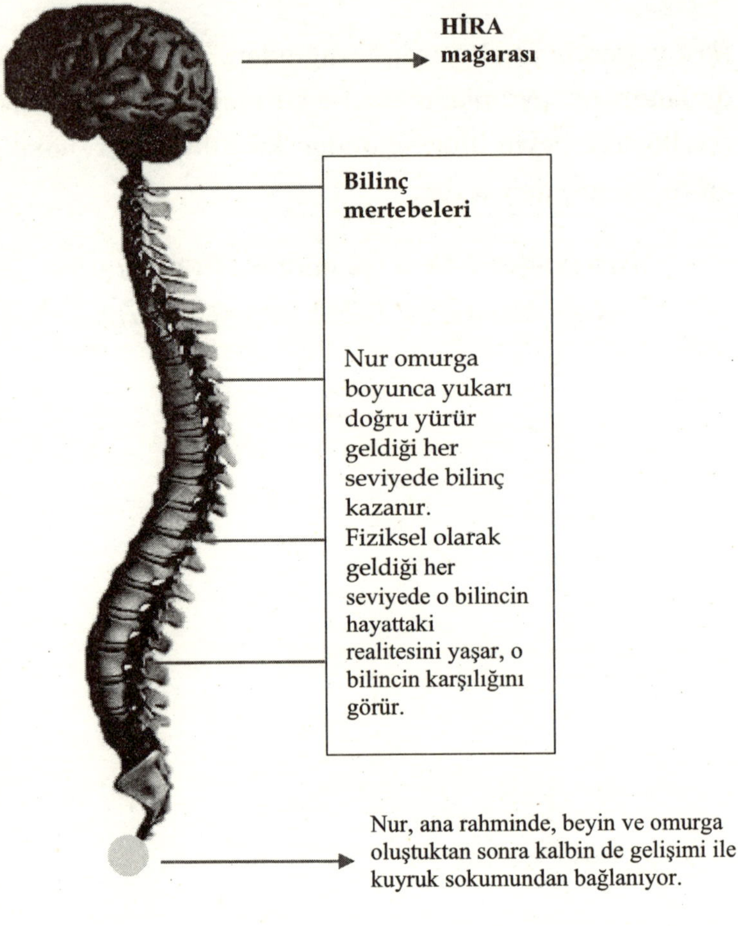

Şekil 5:

Nurun omurga yolunda ilerleyiş ile bilinç kazanımı

Peki, dünya hayatında bahsettiğimiz Rabb'e dönüş nasıl mümkün oluyor?

Rabb'in insandaki programı bilinçte ilerledikçe aktifleşir ve böylece insan Rabbselleşir. Bu henüz yaşamımız hâlâ devam ederken gerçekleşen Rabb'e rücû etmektir.

Her ne kadar zihin gözleri uyuyor olsa da, insan illa ki uyanacak ve kendindeki kendini ortaya çıkaracaktır. Ortaya çıkardığı "kendi" yine Rabb'dir.

Bu söylediğimiz bilinçte Rabb'e rücûydu. İnsan bunu bir de kıyam etme vaktinde yaşayacak. Yaratılırken, üst üste kabuklaşırken tekrar parça parça her kabuğunu bırakarak ilk yaratıldığı o ilk hâle dönecektir ki bu da kıyam etme sürecindeki rücûdur (bu aşamadan yeri gelen surelerde bahsedeceğiz).

Dünya hayatındayken kabuktan kurtulma -nefsten arınma- ve hakikate varış bu algoritma (8.ayet) ile sağlanır.

Elbette Rabb'e dönüş için bunca uğraşa neden olan yeniden hatırlamayı engelleyen bir şey var!

Bu engelleyen de ne!..

9. Era-eyte'l-lezî yenhâ

Eraeyte kodu; nefsle ilgili olan fiilleri ya da özellikleri fark etmek için kullanılır. Bununla ilgili programları çalıştırır.

Bu program, eraeyte kodundan sonra gelen kod ne ise onu "fark et"mek için çalışan programdır. Burada olduğu gibi eraeyte kendinden sonra gelen yenha özelliğini görmeyi sağlamaktadır. Aksi halde bir önceki ayette belirtilen, kendindeki rabbe rücu etmeyi engelleyen bu özelliği (yenha özelliği) görmez ise bir sonraki ayet (algoritma) (10.ayet) devreye girmektedir.

Kişi kendindeki yenha özelliğinden dolayı hakikate engellenir. Bu engellemeyi engelleyen yine bizde bulunan "yenhakumuAllahu" kodudur. Yeri gelince değineceğimiz "yenhakumuAllahu" kodu, yenha kodunu iptal eden bir program çalıştırır. (Mümtehine 8-9. ayetler)

Yaşamında yeniden hatırlama yolculuğu içinde olan insan, bir taraftan ruhsal olarak hatırlamaya güdülenirken bir yandan da kendi içinde unutmayı devam ettiriyor. Yani her an hatırlamaya çalışırken, unutarak bir yaşam sürüyor.

Varlık, hatırlamak olarak tanımladığımız Rabb'e rücû etmeye çalışırken bir yandan nefs, bunun gerçekleşmesini engelliyor. "Leyatğa ve kendini müstağni görür" olmasına ve Rabb'e dönüşün engellenmesine neden olan bu unsur bizatihi nefstir.

"Nefsi (engelleyeni (yenha)) gördün mü?" ile nefsi günlük yaşantımızın her anında verdiğimiz tepkilerde, söylediğimiz sözlerde, davranışlarımızda görebiliyor muyuz?

Kimi insanlar nefsinin farkında olmadan, kimileri de nefsinin farkında olmasına rağmen yaptığı tutumlardan vazgeçmeden yaşayarak "**engellenmiş**" olur.

Amellerinde nefsi fark edip hakikati ortaya çıkaran kişiler ise **"engelleyeni" görüp** kendini düzeltenlerdir. Bu algoritma "**engelleyeni görmeyi yani fark etmeyi**" çalıştıran bir programdır.

Rücû ruha programlanmıştır, nefsteyse yalnızca illüzyonda tutma, hakikati unutturma programı bulunur.

Peki, *nefs* bu engellemeyi nasıl yapıyor?

Nefs olarak tanımlananın, hakikati çevreleyen elektronsal, kuarksal, atomsal, molekülsel kabuklar olduğundan söz etmiştik. Bu kabuklanmanın sonucunda böylece gerçek hâlimizin dışında "ben" diye zannettiğimiz "sanal kendilik" oluşmuştur.

Öncelikle gerçeği unutturarak işe başlayan nefs sonra da beden denen yapıyı yönetmek üzere beyni ele geçirmektedir. İllüzyonda tutmak üzere tasarlanmış beyni yöneterek kişinin illüzyon bilincinde yaşamasına, zanda kalmasına neden olmaktadır. Bu hali ile nefsin kendisi unutma hâlidir. Nefsâni oluşu nedeni ile hakikati unutan insanın bu unutma hâli, nefs tarafından sürekli korunduğu için nefs, hakikati hatırlatacak olan tüm eylemlerden uzak tutacak şekilde beyne kararlar aldırır. Böylece hakikat yolculuğunu ***engellemiş*** olur.

Nefs-i hâl içinde olan kişinin yaşamı, bir sanal gerçeklikten ibaret adeta sanal bir gözlük takmışçasına (*bknz.Şekil 12*), hakikatten yoksun, bir yalan içinde sürer. Nefsden vazgeçmediği müddetçe hayatı ***engellenerek*** devam eder.

"Eraeytellezi yenha"programı, sonraki algoritmaya sinyal gönderir. Bu sinyalle sonraki algoritma olan ***sallâ programı*** kişide devreye girer. Salla hali ile kişi uyanış programını başlatmış olur. *(bknz.AlgoritmaAkışŞeması)*

10. *'Abden izâ sallâ*

Her ayetin ve ayeti oluşturan her bir kelimenin insanda bulunan programlar olduğunu tekrar hatırladığımızda bu algoritmayı oluşturan kodlardan olan "Abd" kodu Kur'anca manada beden, beden algısında olan, beşeriyet kavramlarını bizde çalıştırır.

"Salla" kodu ise bedenli olan insanın bu bedensel algısından, beşeriyetinden çıkmaya başladığı ilk bilinç seviyesidir. Bu kod da bizde bulunmakta olan, hakikate yaklaşmamızın başlamasını sağlayan programdır. Salla programı ne zaman devreye girerse, dünyasal illüzyonik algıdan çıkarıp hakikati başlatır. Bu doğrultuda "yenha" programı sallayı engelleyen zıt program olarak yine bizde çalışır. O nedenle salla, henüz tam hakikate varmışlık değildir zaman zaman yine illüzyona düşülür bazen de hakikate yönelinir. Sürekli salla halinde kalmasına yenha programı engel olur. Engellemeyi kaldırmak için, bir önceki algoritma olan "eraeytellezi yenha" programını çalıştırarak ilk adım olarak nefsi görmeyi başlatmış oluruz. Böylece sallaya yönelir ve sonraki takip eden sıralı komutların devreye girmesi ile salat haline erişiriz. Bunu devam ettirdiğimizde salat halini salavat ederiz ki bu durumda artık yenha programı tamamen pasif hale getirilmiş olur. Yenha pasif edildiğinde illüzyona düşülmeyecek artık sanallıktan kurtulmak mümkün olacaktır.

Salla, salat, salavat kodlarını biraz açalım.

Sallâ hâli abd olmanın üç hâlinden biridir. Bu ayet ve 9. ayet, Maun suresinin ayetlerine atıftır ki bahsedilen üç hâlden birincisi sallâ –salli-, ikincisi salât, üçüncüsü ise salavâttır. Salavât olmuş bir insan, abd hâlinin en son seviyesi olup hakikati hatırlamaktadır. Yani bilinç olarak Rabb'e rücû etmiştir. Abd olmanın ikinci hâli olan salât hâli, henüz tam uyanmış olmayan, bazen hatırlayan bazen nefse düşen kişidir. Abd olmanın ilk hâli sallâ ise her an nefste olan ve henüz hakikate tamamen perdeli "ben" zannının içinde kalmış doğal olarak da nefsi tarafından yönetilen insandır. Bu kişi de zaman zaman hakikate yönelecek gibi olur ancak bunu başaramadan tekrar leyatğa programına düşer *(bknz.AlgoritmaAkış Şeması)*.

İnsan sallâ hâlindeyken sürekli nefsâni olarak yönetildiği için, sanallık içinde sıkışarak hakikati ortaya çıkaramadığından, Rabb'e rücû etmekten ***engellenen*** insan olmaktadır. 6. ayetten itibaren tarif edilen insanın ilk ulaşacağı bilinç seviyesi ***sallâ*** bilincidir.

Doğal bir sonuç olarak rahim içinde bedensel gelişimini tamamlamış olan bebek dünya ortamına doğduğunda daha baştan tamamen perdeli yani nefs programı devrede olan bir varlıktır. Dolayısıyla doğduğumuz andan itibaren abd olma hâlinin henüz birinci mertebesi olan sallâ halinde bulunuruz.

Görülüyor ki nefs, gerçekte Rabb'in en güzel hâllerinin olduğu insandaki parazitlenmedir. Örneğin bir radyo kanalını dinlerken normal sesin dışında gelen cızırtı o sesin gerçek hâlini bozar. İşte nefs de insanın gerçek (özsel-hakiki) hâlindeki cızırtıdır diyebiliriz. Kısaca insanın aslını bozan parazitlenmedir.

Sallâ olma hâli de zaten bu parazitlenmeden (nefs) kurtulma çabasıdır. "Abden iza salla" algoritması ile ***leyatğa hâli***nden kurtuluş sağlanabilmekte, hakikat görünür olmaya başlamaktadır.

11. Era-eyte in kâne 'alâ'l-hudâ
12. Ev emera bi't-takvâ
13. Era-eyte in kezzebe ve tevellâ

11. algoritmadan 19. algoritmaya kadar Tebbet suresi çalışır. Tebbet suresi daha sonra açılacaktır.

Bu ayetlerde gördüğümüz eraeyte kodunun çalışma biçiminden bahsetmiştik. Bunun dışında burada in kane, ev, huda, takva, kezzebe, tevella kodlarını görüyoruz. Huda, takva, kezzebe ve tevella kodlarını aşağıda açıklıyoruz. Bundan önce "in kane" ve "ev emara" kodlarına bakalım. Eraeyte kodu, kendinden sonra gelen olumsuz olan kodu (özelliğimizi) görmeyi sağlayarak, bir önceki ayette bahsedilen özelliğimizi devreye aldırıyordu. Ancak 11.'deki eraeyte kodunun yanına "in kane" kodu gelerek, hüda kodunu (özelliğimizi) olumlu yapıyor ve bir önceki 10. ayetin gerçekleşmesi durumunda aktifleşecek yani bizde çalışır hale gelecek bir kod oluyor. "Ev emara" kodu, 12. ayeti önceki ayete bağlayarak, 10. ayette yer alan salla halinin hüda veya takvayı oluşturmasını ve bu sıra ile kişide devreye girmesini sağlıyor.

Buradan anlıyoruz ki Rabb'in özelliklerinden yaratılmış olan insanın, leyatğa yani hakikati unutma, kendini müstağni görme, hakikatten kendini engelleme özellikleri yanı sıra bu nefsâni yanları yok etmek için 11-12-13. ayetlerde belirttiği gibi hidayete yönelme yani doğru yol üzerinde olma, takva sahibi olarak doğruyu eyleme (yapma) özellikleri de bulunuyor. Ancak nefste kalmaya ısrarcı olan bir bilincin hakikati yalanlayarak yüz çevirme (tevella) özelliğini de bünyesinde barındırıyor.

İnsan hayat boyu çıktığı özünü hatırlama yolculuğunda hidayete ulaşmak ve bunu yaşamının her alanına yerleştirmek suretiyle kendisindeki gerçek insan olma hâlini tatbik ediyor demektir. Bunun tersi durumda, nefsânî yönelimle sergilediği her türlü hareket, tutum, söylem gerçeği ***kezzebe*** ve ***tevella*** etmenin getirisi olarak ortaya çıkıyor. Çünkü bunların hiçbiri hakikatli değildir. Bu da insanın hakikatten, Rabbselleşmekten uzaklaşması demektir.

Bu algoritmalarda (ayetlerde) yer alan hüdâ, takvâ, kezzebe ve tevella kodlarına bakalım.

Algoritma mantığında bir kodun tam zıttı kodu da bulunur. Örneğin, hüdâ kodunun zıttı kezzebe, takvanın zıttı ise tevelladır. Bunların hepsi aynı anda insanda bulunan programlardır. Hangisi devrede ise o program çalışacak ve ona göre bir yaşam sürülecektir. Zira nasıl yaşadığımız, burada bahsettiğimiz kodlarla birlikte insanda bulunan diğer tüm kodların ürünü olarak gerçekleşmektedir.

Hüda kodu devreye giren bir insanda, kezzebe de vardır ancak insan kendisindeki hangi kodu çalıştıracaktır?

Kodlar bir araya gelerek algoritmalar dediğimiz yazılımları

yani sistemin nasıl işleyeceğini ortaya koyar. Bizler kendimizde bulunan (+) kodlar ve (-) kodlara sahibiz, kendimizde hangi programı devreye koyacağımızı bilincimiz belirler. Böylece her an bilincimize göre bir program devreye girer.

Bizi hakikatten alıkoyan ve bir yalanın içine hapseden nefsin kodlarını mı çalıştıracağız yoksa öz olan Rabbsel özelliklerimizin kodlarını mı çalıştıracağız?!

İşte bu özsel kodun devreye alınması ***Hüdâ kodu***dur. Hüdâ kodunun devreye alınması ile bunu hayatımızın her alanında, davranışlarımıza, düşüncelerimize, söylemlerimize yerleştirip uygulamamız ise takvâ kodunun çalışmasıdır. Bu, kişinin kendindeki özü ortaya çıkarır. Öyle yaşayarak gerçek kurtuluşa erer. Mağara tasvirimizden hareketle hira mağarasından çıkarak artık ***İKRA*** mertebesine erişir. Ve hayatında daha da ilerlemeye, yükselmeye devam eder.

Öte yandan nefsî kodun devreye alınması ***kezzebe***dir. Bu kodun devreye alınması kişinin hayatındaki her alana davranışsal, somut olarak yerleştirmesidir. Yaşıyor olması ise ***Tevellâ kodu***nu devreye girmesi ile gerçekleşir.

Kezzebe kodu çalışırsa kişi hakikati kezzebe (yalan) eden beyin illüzyonunda kalır. Gerçek olmayanı gerçek zanneder. Sonra tevellâ (yüz çevirmek) kodu devreye girerek yaşamdaki sanallığa olan mahkûmiyeti, inancı nedeni ile hakikati artık asla göremez olur ve sürekli illüzyon olan yaşamı gerçek, hakikati yalan sayar.

Böyle devam ettiğinde algının her defasında daha da güçlenmesi ile gerçekten uzaklaştıkça uzaklaşır. Uyku derinleşir, uyanış zorlaşır. Hiç uyanmayacak değildir. Buradan dönebilir ancak hakikate yönelecek programı bir türlü devreye alamaz ve böyle yaşayışına devam ederse bir türlü uyanamaz ve kodun getirisini, sonuçlarını, hakikatten iyice uzak olarak yaşamaya devam eder. Mağarasında karanlığında kalır. Böyle yaşam illüzyonuna sıkışmış kişi kurtulmak istiyorsa ***Hüdâ*** ve ardından ***Takvâ programları***nı devreye almalıdır. Tüm bunları ise ***İKRA*** ile başlatabilecektir.

İnsan denen mekanizmada her türlü program mevcuttur. Olumsuz programın başlatılması ya da bir şekilde devreye konulması durumunda bu defa da olumsuzdan olumluya yöneltecek programlar da insana yerleştirilmiştir. Bu olumluya dönüştürücü programları, bir otobanda ilerlerken olası yanlış yöne gidilmesi ihtimaline karşın doğru yola sevk ettiren levhalara benzetebiliriz.

Gerçekten de nefsânî programları devreye koyduğumuzda daima bizi doğru yola yöneltecek programlar çalışmaktadır. Her sergilediğimiz yanlış tutumda bunu telafi edecek şekilde deyim yerinde ise paçayı kurtaracağımız bir program mutlaka bulunmaktadır. Tabi bu olduğunda ikra etmek şarttır. Çünkü ancak İkra ederek bir önceki olumsuz programı pasifleştirebilir (çalışmayan program) oluruz. Aksi hâlde doğruya yönelten algoritma ile doğruya yönelsek de bu kalıcı olmayacak, nefsânî programlar yine devreye konmaya devam ediyor olacaktır. Buna benzer bir algoritmayı bir sonraki ayette göreceğiz.

Acı sadece sanallığa özgü temel bir illüzyondur. Hakikat algısında acı bulunmaz. Bu nedenledir ki insan sanal bir kendilik içinde iken acı illüzyonunda kalır. Yaşadığı her olayı gerçek zannedeceği için bu olaylar kişiye acı verir olacaktır. Öyle ya gerçek olmadığını düşünsek acı duyar mıydık?

Hayatın her alanında bir şeylerin yolunda gitmediği algısı ve neticesindeki sorun duygusu her an kendini gösterir olacak ve insan gerçek olmayan bu "sıkıntı-sorun" algısı içinde bir yaşam sürecektir. Hakikatli bakmak ve böyle yaşamakla kişi, yaşamın hologramdan ibaret olduğunu fark etmiştir. Başına gelen her şeyin, bu sanallıktan çıkmak için gerçekleşen en mükemmel durum olduğu gerçeğini bilir ve bunu bilerek huzur içinde gerçek bir yaşam sürer. Sanallığın acı illüzyonuna karşın Hakikat bu nedenledir ki huzur getirir. İnsan hayatı algılamasına göre, cennetinde ya da kendi cehenneminde yaşar durur.

14. Elem ya'lem bi-enna(A)llâhe yerâ

Bu ayet bizi 5. ayetteki "yalem" koduna götürüyor. Bu da iki ayeti birbirine bağlıyor. Algoritmanın nasıl çalıştığına bakalım.

İnsan ister hakikatli ister hakikatten uzak ne şekilde yaşarsa yaşasın her şey sistemde aynı zamanda kayıt da edilmekte. "Allah görür" (yera) kodu bir kayıt mekanizması ile tüm amellerin kayıt edilişidir.

"Allah" lafzı Kur'an'da tek başına yalın olarak kullanılmamakta olup tamlamalar şeklinde karşımıza çıkmaktadır. Bu ayette de ***bi-enna(A)llahe*** ifadesi ile görüyoruz.

Bi-enn(A)llahe programı bizlerde bulunan bir algoritmadır ve dünyasal hayatımızda nefsli sergilenen tutumlarda devreye girmektedir. Bu tutumlar, herhangi bir şey ile karşılaştığımızda hakikate rağmen sanki hakikat yokmuş gibi (kezzebe) onun varlığını unutarak nefse yönelik tutumlardır. Bu durumda, gerçek olan yerine sahte olana, haklı olan yerine haksız olana yönelinir (tevellâ).

Örneğin, herhangi bir arkadaş, iş, aile ortamında doğru olmasına rağmen yanlış olanı savunmaya devam edilmesi, hata yapmış olunmasına rağmen düzeltmek yerine yanlışta ısrarcı olunması gibi durumlarda ***bi-enna(A)llahe*** algoritması devreye girerek hayat ortamında o amele karşılık gelen bir olay-durum yaşanır.

Bi-enna(A)llahe programı bir kişide aktifleştiğinde, **hayat ile anlaşmazlık içinde olduğunu, gecesinin gündüze karıştığını, yapayalnız kaldığını ve her şeyin sanki kendisine karşı olduğunu hissettiği durumlar ile karşılaşır,** kendini böyle hissederek yaşar. Bunlar hissediliyorsa bu kişide ***Bi-enna(A)llahe*** programı devreye girmiş demektir.

Allah'ın yaratım sistemindeki kayıt mekanizması olan "yera" kodu ile her yapılanın, söylenenin, düşünülenin yani eylemsel ya da durağan her şeyin pikseller şeklinde kaydı alınarak anında ***Bienna(A)llehe*** algoritmasının devreye girmesi ile kişinin amellerinin karşılığını yaşaması sağlanmaktadır. ***Bienna(A)llehe*** tekâmül (gelişme) programıdır. Bilincin (kayıt) olduğu yerde tekâmül vardır.

Spermden alak oluşumuna kadar bilinç yok iken alaktan cenin oluşumuna kadar ve doğduktan sonraki süreçlerde bilinç vardır. Bu nedenle rahimde ceninin oluşum safhasında ve bebeğin dünya hayatındaki tüm yaşamında tekâmül vardır.

Bu ayetteki yalem kodu 5. ayetle bağlantı kurarak çalışmakta ve kayıt mekanizması DNA-RNA ile bilgilerin kayıt edilmesi ve kopyalanması şeklinde işlemektedir. Her an bedeni oluşturan mikro şuurlu canlı organizma olan hücreler, biz uyurken uyanıkken yaptığımız bütün amelleri kayıt ederek bir sinyalizasyon ile makro şuura iletiyor. Makroya iletim mekanizmasının işleyişi başkaca surelerde anlatıldığı için burada değinmeyeceğiz.

DNA ve RNA kaydı aynı zamanda gelişimi, genişlemeyi de sağlamakta zira mikrodan makroya genişlemekte olunduğunu da başka ayetlerde görebilmekteyiz.

Başta da değindiğimiz gibi *"Allah görür"* ifadesindeki ***görmek*** aslında ***bilme*** hâlidir. Bu bilme hâlinin Allah'ın âlim sıfatından farkı, bahsettiğimiz bilginin kayıt edilmesi sureti ile mikrodan makroya aktarılması sayesinde ***Allah Sistemi***nin bundan haberdar olmasıdır.

Sistem zerreden kürreye, yalanlamalardan doğruluğa, kötülükten iyiliğe ve dahi sakladıklarımızdan ortaya koyduğumuz salih amellerimize kadar tamamını kaydetmektedir.

Hakikatli yaşamayı hayat merkezine koymayan bilinç batıla (kezzebe) (13.ayetteki program çalışanlar) düşmüş demektir. ***BienAllahe*** algoritması devreye girerek kişiyi batıldan çıkarıp doğru yola yani hakka yöneltecek durum ve olaylarla karşılaştıracaktır. Olaylara karşı insan İKRA eder ve meselenin derinliğindeki hikmeti algılar, böylece hakikatini hatırlarsa düşmüşlüğünden çıkar. Kezzebe den kurtulur. İkra edilemediği durumlarda ise olaylarla, konularla, durumlarla, düşüncelerle karşılaşmaya devam eder. Bu durum idrake kadar sürer. ***B-ienna(A)llahe*** programı ile tekrar rotaya girmesi sağlanmış olur. Hala nefste kalmayı ısrarlı olarak sürdüren bilinç için ise bir sonraki ayet algoritması devreye girer. Demek ki her an yaptıklarımıza göre muamele göreceğimiz bir sistem içindeyiz bunu sağlayan pek çok algoritma var. Her duruma özgü başkaca algoritmalar...

Tüm ayetler sistemin işleyiş kurallarıdır. Bu ayet de sistemin işleyen mekanizmalarından biri olarak, karşılaşılan olaylara verilen tepkilerde, yaşayış biçimlerinde, hayat anlayışlarında her an çalışmaktadır. ***(bknz.Algoritma Akış Şeması)***

15. Kellâ le-in lem yentehi lenesfe'an bi'n-nâsiye(ti)

16. Nâsiyetin kâzibetin hâti-e(tin)

17. Felyed'u nâdiyeh(u)

18. Senedu'z-zebâniyete

19. Kellâ lâ tuti'hu vescud vakterib

Kella kodunun fonksiyonunu artık biliyoruz. Önceki ayette her şeyin kayıt edilmekte olduğunu ve eğer nefsani bir yaşam sürülmesi söz konusu olursa bazı kodların çalışmasıyla tekamüller yaşanacağını görmüştük. Burada da kella, önceki ayetin ihlalinde yani nefsani oluş devam ettirildiğinde nasıl bir algoritmanın devrede olacağını (çalışacağını) bize gösteriyor.

15. ayette, "kella" ve "lein" kodları bir araya gelerek, "kella"dan dolayı bir önceki ayette belirtilen ihlal iptal edilmekte, "lein" ile "eğer" kodunu devreye alarak durumu şarta bağlamaktadır. Bu kodlamanın bizde çalışması, nefsaniyetten kurtulunulmadığı durumda hakikatli yaşam sağlayan beynin ön bölümünün aktifleşmesi için hayatta bir şeylerle karşılaşılacak olması şeklinde gerçekleşiyor.

Ancak bu karşılaşılacak olan durumlar, hayatta "acı" duygusu ile algılanacak durumlardır (kişi hala illüzyon algısında olduğu için).

15. 16. 17. 18. 19. Ayetlerin tamamını birlikte açalım.

İyilik, doğruluk üzerine olan (hüdâ-takvâ) ve iyilik, doğruluğa müsaade etmeyen nefsinin perdesinde perdelenen olmak üzere iki bilinçte insandan bahsedelim.

Doğruluk üzerine olan bir bilinç, kendisindeki nefsin yönetimi ile dürtüleri ortaya koyan beyinsel mekanizmasının alt beyin bilincinden, nefsin hükmünden kurtulmuş olan ***üst beyin*** bilincine yükselmiştir.

Doğruluk üzerine olmayan kişi ise nefsin hükmünde kalarak ***alt beyin*** bilincinde yaşamını sürdürür. Yani iyilik, doğruluğu yerine getiremeyen (kezzebe-tevellâ) aslında o özellik olmasına rağmen programı ortaya çıkaramayan bilinç.

Beynin kendi mekanizması içinde bulunan bölümlerinden biri de ***teklik, birlik (singularite)*** içinde olduğumuzu hissetmemizi, bu bilinçte yaşamamızı sağlayan ***beynin en ön bölümüdür.*** Bu bölümün gelişimi sağlandığında insan, ***tek Allah*** bilincine erişerek kendindeki ***Rabbselliği*** ortaya çıkarabilirken, gelişim sağlanamadığında hakikati göremeyen, dünyanın sanallığında kalan, bir yalan içinde yaşam süren kişi olmaktadır. İşte beynimizin bu bölümü tam da ***alnımıza (Binnasiyeh)*** denk gelen kısımdadır.

Hakikat Beyin, Kâfir Beyin...

Gerçekten de beynimizde bulunan pek çok program ile beyin, ya hakikati ya da kâfirliği (hakikati örten-perdeli) devreye koymaktadır.

"Eğer vazgeçmezse o yalancı (kezzebe) alnı, o hata yapan alnı yakalarız" algoritması, nefsin hükmünde kalıp illüzyondan vazgeçmeyen, beynin en ön bölümünü geliştirememiş bu nedenle de alt beyin bilincinde yaşamını sürdüren kişinin ölüm esnasında ne ile karşılaşacağının programıdır.

"Zebani" Kur'an'a göre yine bizde bulunan diğer programlardan biri olup yalnızca ölüm anında devreye girmektedir. Ölümü, hem beden terki olarak hem de dünya yaşamında bir alt bilinçten bir üst bilince geçildiğinde, alt bilince ölünüp üst bilince doğulması bilinç değişimi şeklinde tanımlarsak, Zebani programı mecazî mânâdaki ***ölüm***de de karşımıza çıkmaktadır. Her açıklamaya, hem dünya hayatında şimdiyi anlatıyor hem de kıyamet zamanını da içeriyor olarak bakabiliriz.

Zebaninin henüz yaşarken bizde ortaya çıkması, alt beyin bilincinde yaşamımızı sürdürdüğümüzde bunun getirisi olarak nefsânî bilinçte olmanın kişiyi sürükleyeceği yaşamındaki sıkıntılardır. Bu **sıkıntılar kişiyi kabz ederek acı duymasına, adeta ateşler içinde kalmış gibi hissetmesine neden olacaktır. İşte kişinin bu düşeceği durum** ***"zebani"*** programı ile gerçekleşmektedir. ***(bknz. Algoritma Akış Şeması)***

Bizler henüz insan değilken Rabb ile nur fazında akit imzaladık. Bu sözleşme metninin Fatiha olduğunu daha önce söylemiştik. Henüz nur fazındayken Rabb'e verdiğimiz akit ***"Seni gördüm bildim sen benim Rabbimsin"*** idi. Bizler bu akdi verirken o boyut katmanında açık şuurluyduk. Dünyaya geldiğimizde ise şuurumuz kapatıldı ve bu nedenle verdiğimiz sözü, yaratılışımızı ve diğer her şeyi unuttuk. Dünya hayatında yapmamız istenen, kapanmış olan şuurumuzu açmak ve Rabb'e verdiğimiz sözü hatırlayıp yerine getirmektir. Bütün mesele de yaşadığımız, karşılaştığımız olay veya durumda bu sözümüzü yerine getirebilmemizdir.

Açık şuurluyken nur fazında söylediğimiz bu sözü, kapalı şuurda olduğumuz bugünkü halimizle karşılaştığımız her olayda ve durumda söyleyebildiğimiz zaman yerine getirmiş oluyoruz. Ancak beşerin bunu yapabilmesi, açık şuurluluğu gerektirdiğinden nefsânî bir bilinç ile sözünü yerine getirmesi mümkün değildir.

Sistemsel olarak hayatımızın her anında bu sözümüzü hatırlayıp tutmamız için bizlere bazı hatırlatıcılar sunuluyor. Bu **hatırlatıcılar ilim ve hayat tatbikatıdır**. Genellikle hayat tatbikatı dediğimiz şey bizatihi yaşarken karşılaştığımız durumlardır. Ancak bütün bu hatırlatıcılara rağmen hâlâ hatırlayamayan insan, Rabb'e verdiği akdini yerine getiremediği için bu, deyim yerinde ise "imzalanan senedin karşılığı memurlar tarafından istenir" durumuna benzer olmaktadır. Memur dediğimiz, yine bizde bulunan, eğer senetteki sözü yerine getirmezsek devreye girecek olan ***zebani programı***dır.

Böyle sürekli hatırlatıcılarla karşılaşmasına rağmen hâlâ uyanamayıp Rabb'e verdiği sözü yerine getirememesi durumunda 18. algoritma (ayet) ***"Senedu'z-zebaniye"*** devreye girer ve kişinin sözünü yerine getirmesi sağlanır. Bu yerine getiriş, yaşamda her neyle karşılaşılırsa karşılaşılsın ***"Rabbim seni gördüm bildim sen benim Rabbimsin"*** diyebilmektir. Sistemin diğer uyarı programı ile bu program farklı işlemektedir. Diğer uyarı programları yaptığımız nefsânî tutumlarda bizim bundan kurtulmamız için olayları karşımıza çıkarır ve biz böylece eğer ***İKRA*** edebilirsek doğru yola girer oluruz.

Zebani programı ise hiçbir zaman ilk defasında devreye girmez. Çok uyarı yapılmış yani çok olaylar yaşamış ama yine de uyanmamış, nefsinden çıkmamış, beden algısında kalmış kişinin en sonunda karşı karşıya kalacağı bir programdır. Bu programın devreye girmesiyle kişi derin, acılı olaylarla karşılaşır buna ***şoklama*** denir (*bknz. Şekil 6*). Bu şoklama sayesinde kişinin tamamen bir anda uyanması ve böylece Rabb'e rücû etmesi sağlanır.

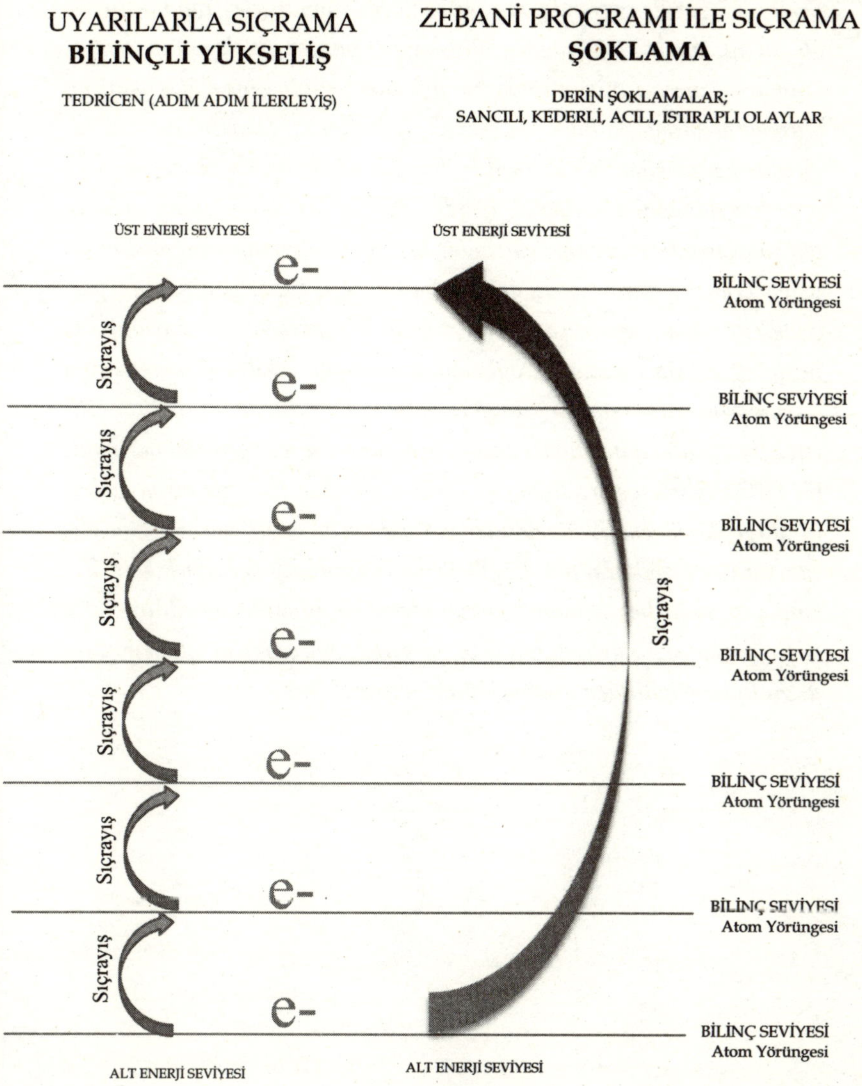

Şekil 6:
Zebani programı ile sıcrayış ve normal (tedricen) sıçrayış

Şekil 6'da görülen şemada, her bir seviyeyi atomun elektron yörüngesi olarak düşünelim. Şemada her bir seviyede bulunan elektronun, aydınlanma yaşanması durumunda bir üst enerji seviyesine yükselişini bu olurken de bireydeki bilinç yükselişini görüyoruz. Hayatın normal sürecinde karşılaşılan her durum bizlere bir şeyler öğretmek dahası aslımızı hatırlamamızı sağlamak içindir. Bu olurken kendi atomlarımızın yörüngelerinde bulunan elektronlar her aydınlanma yaşadığımızda bir üste sıçrar. Bu yaşam boyu aslolan hatırlanana kadar yani uyanış gerçekleşene kadar devam eder. Hatırlamak için karşılaşılan durumlarda insan eğer hala uyanışını sağlayamaz ise, aynı şekilde defalarca aynı durumlarla karşılaşmasına rağmen yine aynı bilinç halini devam ettirirse bu durumda insandaki zebani programı devreye girerek, normalde bir bir üst yörüngelere sıçrayışı yapması gereken elektron bir anda bulunduğu düşük enerji düzeyinden çok yüksek bir enerji yörüngesine sıçrar. Bunun olabilmesi için büyük bir acı yaşanması gerekmektedir. Zebani programı her zaman devreye giren bir program değildir. Şarta bağlı olarak bazı durumlarda devreye girer böylece kişiyi içinde bulunduğu uyuma halinden uyanış haline getirmiş olur.

Zebani programı, Rabb'den gelmiş olan insanın yeniden Rabb'e dönmesini sağlayan bir programdır. Yani sistem pek çok yolla illüzyondan çıkaracak şekilde uyarılar yapmasına rağmen (başına gelen olaylar) hâlâ uyanamayan insanı en sonunda Zebani sistemini devreye koyarak uyandırır olmaktadır.

"Senedu'z-zebaniye" algoritmasında bulunan ***sened kodu,*** akitli olan, yerine getirilmek üzere verilmiş söz ile ilgili çalışır. Zebaninin çalışma şeklini anlattığımız gibi bu algoritmadan verilmiş sözlerin en sonunda yerine getirilmesi için devreye girdiğini net bir biçimde görebiliriz. O hâlde bu program insanın Rabbi'ne imzaladığı senette olduğu gibi Rabb'e dönüş ile ilgilidir.

Tüm bu programların bizlerde bulunan ve hayatımızda sergilediğimiz tutumlarda, hissiyatımızı ortaya çıktığını söylemiştik. Senedu'z- zebaniye algoritması günlük yaşantımızda herhangi bir konuda söz verdiğimizde sözümüzü tutmadığımızda da devreye girerek sözün karşılığı olan bir durumla yaşamda karşılaşmamızı sağlar. Böylece kişi verdiği fakat tutamadığı sözün diyetini karşılaştığı olumsuz durum ile ödemiş olur. İnsan sözünü tutmaya programlı canlıdır. Nasıl ki bir cihaz programının dışında çalışması durumunda arıza veriyorsa, insan da sözünü tutmama durumunda programın dışında çalışmış olacağından "arıza" verecektir. İnsan varlığının "arıza" vermesi hayatta yaşayacağı tatsız, acılı olaylardır. "Sözünü yerine getirme" programı devreye girmediği sürece insandaki ***"Senedu'z-zebaniye"*** algoritması çalışarak karşılaşılacak olaylar ile bir nevi arızanın giderilmesi gerçekleşmektedir.

Diğer bir yönü ile ölüm esnasında zebani programının devreye girmesini beyin üzerinden ele alalım.

Zebani programı ölümle ilgili olduğuna göre üst beyin bilincine erişmiş yani aydınlanmış kişinin ölümü ile alt beyin bilincinde kalmış yani aydınlanamamış kişinin ölümü nasıl gerçekleşir?

İlk özümüz olan ***nur***, ana rahminde beyin ve omurga oluştuğu an kuyruk sokumundan bağlanıyor idi bu bağlantı artık yaşam boyu devam edecek, yaşam enerjisi olacaktır.

Nurun, ilk defa omurgadan bağlantı yaptığı andan itibaren tekrar ölene kadar bütün amacı, hayat boyu omurga boyunca kuyruk sokumundan yukarı doğru ilerleyerek tekrar ***özsel nur bağlantısını*** yapmak olacaktır. Bu yeniden kurulan bağlantı işte varlığın aslına, Rabb'ine rücû etmesinin diğer anlatımıdır. Mikro olan "ben"de bu yeniden bağlantının ismi "asla rücû etme" iken makroda bu bağlantının yeniden kurulması ***"Allah'ın nurunu tamamlaması"***dır.

Omurganın kökünden bağlantı yapan nur, yaşam boyu yukarı doğru omurga boyunca ilerlerken her ilerleyişte yeni bilinç kazanmak sureti ile en son bilinç seviyesinde başın tepesinden çıkarak ***öz*** ile yeniden bağlantı yapacak ve böylece devreyi tamamlamış olacaktır.

Bir insan, dünya boyutunda yaşarken nurunu tamamlaması yani aslına rücû etmesi ile ***"uyanmış kişi"*** ya da ***"ölmeden önce ölmüş"*** kişi olmaktadır. Peki, bunu yapamayan insana ne olacak?

Uyanmamış bir kişi devreyi tamamlayamadığı için nur, beden denen kabirde kalır (yani başın tepesinde bulunan bıngıldaktan çıkmak sureti ile devreyi tamamlayamamaktadır). Bu da insanın beden algısında kalmasına neden olduğundan ölüm esnasında da beden algısında bulunur. Oysaki ölüm denen hadise aslında beden olmadığını anlama, beden algısından çıkmaktır. Kişi beden algısında kalarak öldüğü için bu durum ölüm anında tezat oluşturur ve beden olmadığını anlamakta bocalar. ***Canın bedeni terk etmesi*** esnasında bilinç, bocalayarak bedenden kurtulamaz. Böylesi bir durumda ***zebani programı*** devreye girer. Beden algısında sıkışıp kalmış devreyi tamamlayamamış kişinin gerçekleştiremediği ölüm, zebani programının devreye girmesi ile gerçekleştirilebilir olur.

Peki, bu program nasıl çalışır?

Zebani programı çalışırken, beden algısında olan birinin ölüm anında nurun çıkışı alın bölgesinden sağlanır. Bu aşamada bilinç hâlâ beden algısında bulunduğundan elektromanyetik bir dalgalanma hissederek acı duyacaktır. Bu acı ***"başından aşağı kaynar sular dökülüyormuş"*** gibi bir acıdır. Elbette başından aşağı kaynar su dökülmemekte bu manyetik bir olgunun bilinçte hissedilme şeklidir. Aslında ölen bir kişi artık bedensel bir şey hissetmemelidir ancak beden algısında kalarak ölündüğünde bilinç bedensel hissedişlerini ölüm anında hâlâ sürdürür. Zira bir türlü hakikati hatırlayamadığı için beden olma zannından kurtulamayıp hâlâ kendini beden zannetmektedir.

Ölüm anında herhangi bir acı hissetmemek yalnızca yaşamında hakikate ermiş olarak ölenler için geçerlidir. Çünkü beden algısını daha yaşarken bıraktığından ölüm esnasında da beden algısında kalmayarak kolaylıkla kendiliğinden beden terki gerçekleştirir olmaktadır.

Yaşarken *"ölmeden önce ölmüş"* kişi beden terki (ölüm) esnasında kendiliğinden kolaylıkla terki gerçekleştirebileceği için bu durumda zebani programı devreye girmeyecektir. Zira zebaniye gerek yok çünkü bilinç beden algısından çoktan kurtulmuş ve bunu zaten yaşarken kendiliğinden yapmıştır.

Kısaca zebani kendiliğinden beden terkini gerçekleştiremeyen bir bilincin çıkışını sağlamak için devreye giren yine bizde bulunan bir programdır.

Peki, yaşam süresince uyanış nasıl gerçekleşebilir?

İnsanın, yaratılış formatındaki iyi insan olma hâlini (Rabb özelliği) devreye koyabilmesi, bunu yaşamının her yerine yayması, her durumda gerçekleştirmesi, Rabb'in ***alak***ından gelen bilgiyi kendisinde ortaya çıkarması demek oluyor ki bunu da Rabb'e rücû etmek olarak tanımlamıştık. Bunun fizyolojik olarak karşılığı, başın tepesindeki bıngıldak denen noktadan çıkması şeklindedir. Henüz yaşamı sürerken beden algısından kurtulmuş olur. Zaten bu nedenle "ölmeden önce ölmek" olarak tanımladığımız bir olgudur.

"Kellâ le-in lem yentehi lenesfe'an bi'n-nâsiye" algoritmasına göre, salih işler yapmayıp, iyilik programını devreye koyamamış ve kendini müstağni görerek insanî vasıfları bir türlü yapamayanlar, ayete muhatap kalmaktadır. Beyin denen mekanizma takvâ sahibi de olabilir, hakikati yalanlayan bir şekilde de yaşam sürebilir. Takvâ yolunda olduğunda neyle, yalanladığında neyle muamele olacağını nasıl bir programlama sisteminin devreye gireceğini bu ayetten görüyoruz. Yalancı olmaktan yani hakikati inkâr edercesine bir yaşam sürmesinden vazgeçmeyen ***yalancı alnın*** (beynin en ön bölümünün) buna neden olan olarak nasıl bir süreçle karşılaşacağını da görmüş oluyoruz.

Burada da tabii olarak ifade edilen tüm ayetlerde olduğu gibi nasıl bir sürecin işleyeceğini, sistemi görüyoruz. Örneğin "alnı sürteceğiz - lenesfe" kodu, aslında kişinin alnının tutulup da birileri tarafından sürütüleceği anlamında değildir. Bunu, bir sistemin işleyişi olarak anlamalıyız.

O hâlde burada algoritmik olarak ne devreye giriyor?

Bu ayetin algoritmasından, dünya boyutunda bizden istenen programlanmış olan bilgiyi ortaya koyamazsak, hakikate uyanamadığımız için devreyi tamamlama (Rabb'e rücûnuru tamamlama) hadisesini gerçekleştirememiş olduğumuzu, bu durumda ölüm anında alın bölgesinden çıkış yaptırıldığını ancak bu çıkış esnasında acı yaşanacağını anlıyoruz.

***

Ölüm anındaki olacaklara daha önce değindiğimiz gibi şimdi bir de ölümün omurga ile bağlantısını ele alalım.

Omurganın her bölümü bir bilince karşılık gelir ve her bölümünde giriş-çıkış enerji kapıları, tünelleri vardır.

Örneğin, omurganın kuyruk sokumu kısmından yukarı

doğru ilerlediğimizi, omurganın ikinci ya da üçüncü bölümüne karşılık gelen bir bilinç seviyesinde olduğumuzu düşünelim. Bu durumda hâlâ omurga bilincinde olduğumuz için bu, beden algısında kaldığımız anlamına gelir. Beden algısı ne kadar güçlü ise ölüm esnasındaki çıkış o kadar zorlayıcı olacaktır.

Yaşam boyu bize eşlik eden ve hayatta nelerle karşılaşacağımızı belirleyen bilinçliliğimiz ölüm anında da bizimle birlikte oluyor. Yaşarken ne yaşayacağımızı belirleyen bilinç ölüm anında da nasıl öleceğimizi belirliyor.

Bilincimiz yolculuğunu omurga üzerinde yapar ve yaşam boyu bu omurga üzerinde yürür. Nurun omurgada ilerlerken ulaştığı omurlar bilinçliliği oluşturmaktadır. Nur, bu ilerleyişinde omurganın hangi omuruna geldiyse o omura karşılık gelen bilinçliliği kazanır o oranda uyanışı gerçekleşir.

Omurganın tamamı kuyruk sokumundan boğaza kadardır. Nurun yaşam boyu alacağı yol da budur. Omurganın kuyruk sokumu yolun başı, boyun kısmı da yolun sonudur. Buradaki her adım bilinçte yükseliş, ilerleyiştir. Nur omurgada ilerledikçe her defasında nefs algısından bir parça kurtulmuş o oranda da bilinç kazanmış olacaktır. Daha da doğrusu orada zaten bulunan bilinç uyanacaktır. Elbette bu ilerleyiş fizyolojik olarak omurgada gerçekleşirken, hayat denen ortamda nurun her ulaştığı omura karşılık gelen yaşamsal durumlarla karşılaşılır. Zira bilinç de bu olaylar sayesinde gelişir ve yükselir.

O hâlde diyebiliriz ki biz bedenimizde yaşıyoruz. Yaşam ortamında karşılaştığımız her şey de bununla ilgili. Ne olacağını yaşarken de ölürken de böylece *bilincimiz* belirliyor.

Beden kabir de olabilir kutsal bir mabed de...

Nefsani bir yaşam sürer beden kabrimiz olur ya da hakikatli yaşam süreriz beden mabedimiz olur. Bunun ne olduğunu yaşarken biz belirliyoruz.

Ölüm esnasında bahsettiğimiz hissedilen acı, yaşarken de hayat acıları şeklinde gerçekleşiyor.

Nurun yolculuğu esnasında yürüdüğü yol olan omurganın, enerji giriş-çıkış kapılarında, omurga boyunca herhangi bir bölümde tıkanıklık var ise buralarda bedensel, ruhsal veya zihinsel çok büyük acılar, ağrılar hissedilir bu acı bizatihi yaşarken gerçekleşir. Aslında bu da yaşarken ki manevi manadaki ölümdür. Çünkü bu hislerle karşıladığımız her durumda, o esnadaki bilincin ölümü yeni bilince yükseliş gerçekleşmektedir. Her seferinde bir üst bilince ulaşırız. Zaten yolculuğun kendisi de bu bilinçte yükseliştir.

Nur omurga yolunda herhangi bir tıkanıklık ile karşılaştığında yola devam etmek isterken bir türlü gidemeyecek, gitmek için ise oraya baskı yapması gerekecektir. Nurun yola devam etme isteği o bölgede bu nedenle acı oluşturacaktır. Tam bu esnada dünyasal tüm konularda sorunlar ile karşılaşılacaktır: Para, ilişki, sağlık sorunları vb.

Buradaki tıkanıklık, kişinin nefsânî bir yaşam sürerek yanlış düşünce kalıplarını devreye alıp (kezzebe - tevellâ) kendindeki Rabb bilgisini çıkaramayışından oluşmaktadır.

Nefsi fark ederek bilincini değiştiren, nefsin yöneliminden çıkarak kendinin Rabb hâline yönelen (hüdâ - takvâ) kişideki tıkanıklıklar yok olur. Böylece nur, omurga yolunda kolaylıkla ilerleyecek ve her geldiği bölümde, hep bir üst bilince ulaşacaktır. Yolculuk tüm yol (omurga) tamamlanıncaya kadar devam edecektir. ***(bknz. Şekil 5)***

Yolda ilerlerken fiziki yaşamda karşılaşılan her durumda, o meselenin hikmetini fark edip bilincin yükselmesi de ***İKRA*** etmektir. Böylece ikra ederek adım adım ilerlenecektir.

İkra etmek bu nedenle her yeni idrakte, kabir dediğimiz katman katman benliğimizin içine hapsedilmiş olan *ö*zsel bilincimizin, kabrinden çıkmasıdır.

Adeta üzerine ölü toprak örtülmüş hakikat, **her idrakte bir kabirden daha çıkar bu böylece devam eder. Öyle bir an gelir ki tüm katmanlardan sıyrılmak mümkün olmuş ve hakikat aşikâr olmuştur.**

Kendindeki Rabbin en güzel hâllerini hayata geçirdiğinde; iyiliğe, tevazuya, hayr-yardıma, sevgi ve merhamete yöneldiğinde bu yol daima açık ve kolaylıkla kat edilir olacaktır.

Nurun yoldayken (omurgada ilerleyişi) önünde bulunan engeller (tıkanıklık) nefsten kaynaklanır. Nurun Rabb'e yolculuğunu diğer ifade ile insanın kendindeki Rabb programını devreye almasını engelleyen nefstir. İyi insan olmaya mâni olan, salih ameller işlemekten alıkoyan da yine nefstir. **Şimdi "gördün mü engelleyeni" (eraeytelleziy yenha).**

Nefsli olmakta ısrarcı olup da **asli halini ortaya koymayı direten bilinç *(yentehi)*** için yukarıda bahsettiğimiz zebani devreye girer ki zebani kavramını, sanki aydınlanmış işi bilen yanımız gibi düşünebiliriz. O bir hâl. Zebani hâlimiz...

Bütün melekleri kuvve olarak düşünürsek insanda hepsi mevcuttur, hepsi birer frekanstır. Hangi frekanstaysak o frekansla muamele oluruz. Frekansı bilincimiz belirler bilincimiz ile de amel ederiz böylece yaptığımız her şey için kendi varoluşumuzda frekansımız oluşur. O frekansın sonuçlarını görür ve yaşarız. Elbette tüm bu süreçlerin başkahramanı yine nefstir.

Sırat-ı müstakîm bu omurganın kendisidir. Sırat-ı müstakîm üzerinde yürüyen nurun, önünden, arkasından, sağından, solundan dikilen nefstir.

Nefis omurganın tam orta bölümüne denk gelen bölgede bulunur ve adeta ahtapot gibi kolları ile bedenin her yerine uzanmış ve beynin ön bölümünü (alın) sarmış, etkisi altına almıştır. Hakikati inkâr eden bir tavır ile hayat süren kişi yalancı (kezzebe) denilen kategoriye girer (yalancı alın - beyin).

İnsanın tüm kararları, beğenileri, iyiliği (yapması ya da yapmaması), takvâsı, nefsin beynin bu bölümünü ele geçirmesi ile yönetilir.

Yaşam boyu neyine güvenerek bu kadar müstağni oluyorsun!

O çok güvenip de emin olunan "benlik", yaşarken de ölüm anında da hiçbir fayda getirmeyecektir.

"Felyedu nâdiyeh" ...

Nâdiyeh kodu, o çok güvendiği benliği ile emin olarak yaptığı amelleridir. ***Nâdiyeh*** kişinin ***benliği***yle ilgilidir. Artık öyle bir sona gelmiştir ki yol boyunca güvendiği benliği şimdi yolun sonunda hiçbir işe yaramayacaktır.

***

İnsan öncelikle nefsli bir varlık hâli ile sallâ-salli olarak şuurunu açmaya çalışan bir bilinçtir. Eğer sallâ olma ile takvâya yani hakikate varamaz ise bi-enna(A)llahe programı devreye girer ve kişi hayatında dünyasal bir takım şeylerle karşılaşır böylece karşılaştığı olaylarda ***İKRA*** ile uyanışını sağlayabilir. Eğer kişi ***ikra*** edemeyip bu sefer de uyanamaz ise yani bir türlü ***nefs***inden vazgeçmezse o noktada ***zebani programı*** devreye girerek kişinin dünyasal acılar ile uyanmasını sağlayacaktır (*bknz.Şekil 6*)

Bir şekilde tüm bunlara rağmen hâlâ uyanamamış bir bilincin, hayatının sonunda (ölüm) yine Zebani programı devreye girecek ve beşer hal yolculuğunun sonuna gelmiş olacaktır.

Kellâ lâ tuti'hu vescud vakterib...

Ona (engelleyene) kapılma secde et yaklaş...

Bildiğimiz gibi buradaki kella kodu bir önceki ayette aktif olan nefsi pasifleştirerek sonraki kod olan secdeyi aktifleştirmektedir. Bu sayede beşerin, hatırlamak-uyanmak olan "Rabbe rücu" haline ulaşmasını sağlayacak algoritmayı çalıştırmaktadır.

T***ek Allah*** kavramını algılayacağımız beynin ön bölümünün ilkelliğinde, bilinç mertebesince nefsânîleşme, gelişmesinde ise Rabbselleşme olmaktadır. Beynimizin alın bölümüne denk gelen bu ön bölümü devreye almayı başarırsak hidayete ulaşmayı, tekillik kavramına ermeyi, Rabb'in bizde bulunan en güzel hâllerini ortaya çıkarmayı, kendimizdeki yaratılış programını devreye koyabiliriz.

Allah'ın tekilliğini, tek olma hâlini, öteki-beriki, yabancı diye bir algı olmadan, her şeyin kendisi olma hâlini ***alnımızla*** bilir oluyoruz (alın bölgesine denk gelen beynin en ön bölümü).

Secde etmek, salâtı ikamedeki secdeyi ifade edebileceği gibi secde kodu bir şeyi sonuca ulaştırmak mânâsına gelmektedir. Bu mânâdan hareketle **"secde et, yaklaş"** ifadesi ile neyin sonuca ulaştırılmasından bahsediliyor?

Secde algoritması, girişilmiş bir iş, projenin tamamlanması, sanatsal bir eserin ortaya konması, hamileliğin sonunda bebeğin kucağa alınması, üretmekte olduğumuz ürünün elde edilmesi, ektiğimiz tarlanın hasatının yapılması gibi başlanmış olan her şeyin sonuçlanmasıdır. Velhasıl secde, herhangi bir şeyin sonuca ulaştırılmasıdır ki bunun içine elbette, var oluşumuzu ana amacına ulaştırılmak da girmektedir.

Dünya hayatında varoluşun sonuca ulaştırılması, şimdiye kadar hep bahsettiğimiz rücûdur. Bu nedenle **secde**, tüm yaratımın ilk anında başlayan ve şu an hala devam eden, Rabbden gelen insanoğlunun yeniden Rabbe dönmesidir. Nuru tamamlayıp da Rabb'e rücû ettiğimizde bu yolculuğumuzu sonuca ulaştırmış yani secde etmiş olacağız.

Bununla birlikte bedensel yapılan secdede, yaratımın en başındaki ilk tek noktadaki gibi arz ile arşın, yer ile göğün bir olduğu o ilk hale ulaşırız. Secde, ilk haldeki gibi yer ile göğün birleşmesi, bir olmasıdır. *(bknz.Şekil 7)*

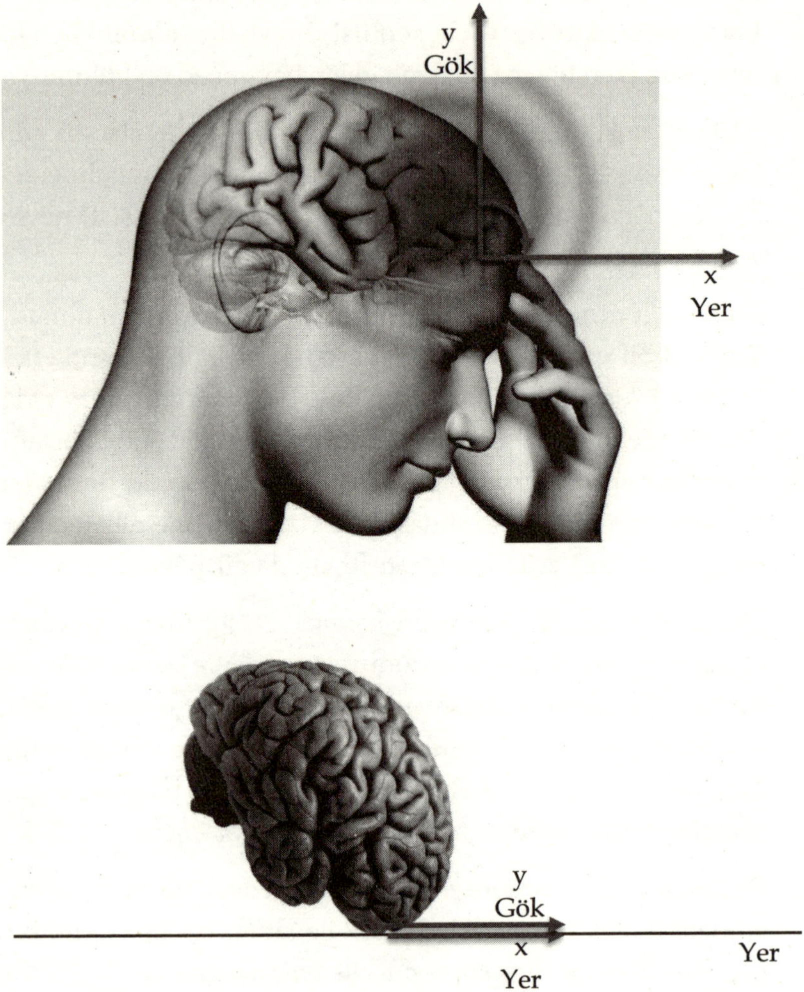

Şekil 7:
Alın secde ettiğinde gök (arş) yere gelerek birleşir. Secde hali, yer ile göğün bir oluşudur tıpkı yaratımın en başında yer ve göğün bir olduğu gibi. Secde ile yaratımın ilk haline dönülür.

Omurganın kökünden yola başlayan ey nur! Yolu geç de bıngıldaktan çıkıp öze bağlanma yolculuğunu sonuca ulaştır!

Fiziki mânâda ibadet olarak secde etmenin gereği yalancı ya da hakikatli olabilen beyin ile ilgilidir. Beyinle ilgisinin olması çok normaldir zira rahim içinde beynin oluşumu ile nefsânî yanımızın başladığını söylemiştik.

Beynimizin hep bahsettiğimiz, bizi takvâ sahibi yapacak ya da yaşam illüzyonunda tutacak olan ön lobunun, belli periyotlarla ve de belli bir açı ile secde ettirilmesiyle (*bknz. Şekil 7*) bu bölgeye kanın akması sağlanır. Bu sürekli tekrar edildiğinde, ön lob (alın bölgesi) her defasında biraz daha aktifleşecek ve böylece gelişecektir.

Allah'ın tekliğini anlayabileceği tek yer olan beyin mekanizmasındaki ön lobu, fiziksel olarak secde ettirdiğimiz andan itibaren tekillik hâline ve tekrar aslına rücû etme hâline varacaktır. Zira ancak bu haldeyken varış mümkün olacaktır. Diğer hâli ile bir perde ve uyuma hâli, nefis hâli devam edecektir.

Beynimizin ön bölümünü geliştirmemiz ile geliştirmeyişimiz arasındaki gidiş geliş, hayat boyu ta ki uyanışa kadar sürer.

Ya nefis hâlimizle devam edeceğiz yaşamaya perdeli perdeli veya bu perdeyi açabileceğimiz, hakikatimizi bize tekrar hatırlatabilecek ***"alnı"*** (beyin en ön lobu) aktifleştireceğiz.

İçinde bulunduğumuz bu sanal algıdan kurtulabilmemiz için her şeyin en başında beden olduğumuz zannını unutmamız gelmektedir. Zira bu sanal algıyı oluşturan en önemli etmen beden olduğumuzu sanmamızdır. Bu nedenle bazen beden olduğumuzu unutmamız gereklidir. Beden olduğumuzu unutmaya ***ibadet*** denir. Böylece her ibadette kişi bir parçacık daha beden olduğunu unutur, illüzyondan çıkarak hakikate yaklaşır (*bknz.Şekil 7*).

Bu nedenle de hem fiziki mânâda yapılan ibadetle hem de kodlama mânâsı itibari ile de secde etmek, **Rabb'e yaklaşmak** olan bizde bulunan **Rabbi ortaya çıkarmaktır.**

Secde edeceksin de secde etmenin nesi zor!

Şimdi gördün mü yasaklayanı – alıkoyanı, o yalancı alnı!

Salât hâlindeki secde sayesinde her secdede bir parça daha bilinç kazanılacağından adım adım Rabb'e yaklaşılmış olacaktır. Rabbsel özellikler geliştikçe bizdeki Allah'a (insandaki en güzel, en mükemmel, eksiksiz, eşsiz, benzersiz olan haller-hasletler) varılacaktır. İlla ki Rabb'e (Rabbsel Bilince) dönülecektir.

Öze ulaşmak hakikate, hidayete ulaşmak Allah'a yaklaşmanın (kendindeki Allah programlarını yani en güzel hasletleri ortaya çıkarmış olmak) kendisidir.

Ona (engelleyene) kapılma, Secde et ve yaklaş!

Kellâ lâ tuti'hu vescud vakterib!

Sadakallahü'l-âzim...

ALAK-İKRA ALGORİTMASI AKIŞ ŞEMASI

- 06 - 19. Ayetler -

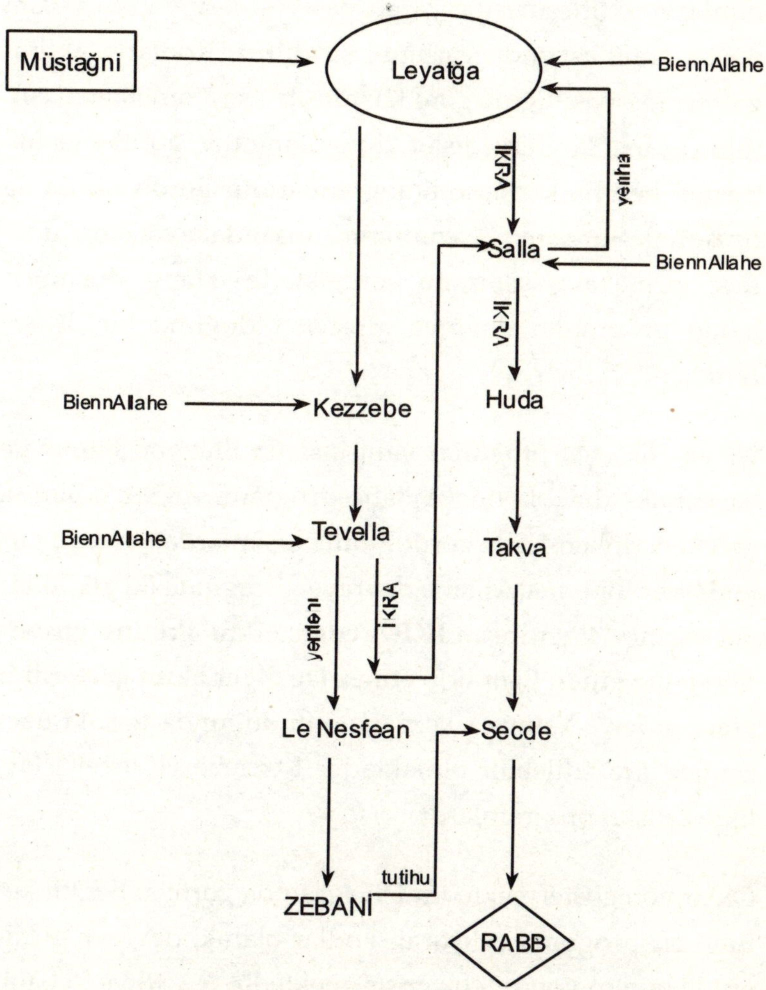

Görülen algoritma akış şemasının çözümü şöyledir:

Kur'an'da yer alan her kelimenin yazılımı çalıştıran kodlar olduğundan bahsetmiştik. Bu kodların hepsi insanda bulunur ve insan denen yazılım, kendinde bulunan bu programların aktifleşmesine ya da pasifleşmesine göre yaşam denen simülasyonda varlığını sürdürür. Kodların aktifliğine ya da pasifliğine göre hayatında "şey"lerle karşılaşır; tüm yaşananlar, hissedişler, duygulanımlar, görülenler işitilenler hep bu kodların hologramlarıdır. Bu diyagram da İkra-Alak Suresinin (yazılımının) insandaki çalışma, devreye girme akış şemasını vermektedir. Hangi durumda hangi programın devreye girecek olduğunu bu diyagramda görebiliriz.

İşleyiş, ***leyatğa programı*** yani insanın illüzyon bilinci ile başlamaktadır. bi-enna(A)llahe programı, İ*KRA* edilmesi gereken, diyagramda gördüğünüz kısımlarda devreye girmektedir. Bi-enna(A)llahe devreye girdiğinde iki yönlü bir yol vardır: **"Eğer insan İKRA ederse ikra okunun gösterdiği yöne gider. Eğer ikra etmez ise diğer okun gösterdiği yöne gider."** Yalnızca kezzebe olunduğunda tevellâ üzerinden ikra edilebilir olmaktadır. Kezzebe ve tevellâ birlikte çalışan programlardır.

Oklar yön göstermektedir. Diyagramda görülen her bir kelime bir programı çalıştıran kodlar olarak, devreye girdiğinde bunun yönünü ok göstermektedir. *RABB* ve Zebani, akışın en son kısmıdır. Bitiş *RABB*'dir. Diyagramdaki döngü her defasında yaşam boyu bizi sürekli Rabb'e yöneltecek şekilde yola sokar. Eğer insan ikra ederse Rabb'e yöneliş yolculuğunu devam ettirir. Yani ***Hüdâ programı*** devrede olur. Devam ettiremez ise yine Rabb yoluna girecek şekilde bir yönlendirme gerçekleşir fakat bu durumda da insanın yine ikra etmesi gerekir. Bu döngü böylece sürer ta ki insan Rabb'e dönene kadar.

İnsanlar leyatğa olarak başladığı yolculuğunda genellikle ilkinde ikra edemez ve ***kezzebe*** yoluna girer. Kezzebeden itibaren görülen akış şeklinde bir yol alır. Bu yolda eğer ikra edebilirse ***sallâ*** adımına geçer. Ancak burada da her zamanki gibi ikra etmesi gereklidir. İkra edemediği sürece nefse düşüp sonra sallâ olmak sonra tekrar nefse düşüp tekrar sallâ olmak şeklinde bir kısır döngüye girer. Bu döngüden çıkmak yaşanılanlardaki hakikati fark ediş ile (ikra) gerçekleşir. Diyagramda ikra programını gördüğümüz her yerde aynı şeyi düşününüz. Bi-enna(A)llahe programının olduğu her yerde de ikra edeceği olaylarla karşılaşıldığını düşününüz.

Zebani programı ise, hayat boyu pek çok defa uyanması için olaylarla karşılaşmasına rağmen yine de uyanmamış nefsânî oluşundan vazgeçmemiş kişilerde en sonunda devreye girerek onların oldukça ağır deneyimlerle karşılaşması, şoklama etkisi ile karşılaşmasıdır. Bu durumda kişinin bir anda uyanışı sağlandığından doğrudan ***secde*** aşamasına geçer böylece Rabbselleşmeye erişir. Bir nevi, söz vermiş olan insanın sözünü tutması için sürekli ortam sunulmasına rağmen bir türlü sözünü tutmaması durumunda icra memurlarının gelerek, imzalanan ***senedi*** devreye sokmasının gerçekleşmesi gibidir.

Genel olarak diyagramdaki şekilde bir hayat süreriz. Bu programlar bizim hâllerimizde, hissedişlerimizde, duygularımızda, karşılaştığımız olaylarda, ilişkilerimizde velhasıl hayatımızın tam ortasında çalışır üstelik haberimiz bile olmadan...

Alak'ın Hakikati

A*lak* suresi (yazılımı), bize Rabb'in yaradılış sistemindeki ilk hâl olarak Rabb'in *Alak*ından yaratıldığımızı bu *alak*ta da Rabb'in bütün bilgilerinin moleküler olarak (DNA) bulunduğunu, ***bi-ismi***nin böylece insana nakşedildiğini anlatıyor. O hâlde yaratılışımızın esas formatında Rabb'in tüm özelliklerine sahibiz. Ancak bu özellikleri ortaya çıkarmamıza engel olan bir format daha var o da **Nefs**tir.

Nefsânî yan anlıyoruz ki ***alak*** hâlinden sonraki süreçte bizim fiziki yapımızda beliriyor. Nefsânî programın en önemli özelliği, hakikatten uzaklaştırmak için tasarlanmış olduğudur. Eğer insan, kendisindeki nefsi aşamazsa nefsin etkisinde kalarak, nefsânî bir yaşayış içinde hakikati bilmeden ve kendindeki Rabbselleşmeyi devreye sokamadan bir dünya hayatı sürüyor.

Uyan! Farkında ol, kendinde ol,
iyi insan ol, Hatırla!

İyi insan olmayı hatırladığımız zaman Rabb'in bizdeki tüm özelliklerini ortaya çıkarmış oluyoruz. Bu bir hâldir, aslidir. Nefsânî hâl ise asli hâlden uzaklaştırıcı, unutturucudur. Hakikati içinde saklayan adeta bir kozadır. Zaten ayetlerde bundan dolayı secde etmenin yaklaşmak olduğunu görüyoruz, hem ilk mânâsında hem de algoritmik mânâda...

Allah'ın nurundan yaratılmış varlık olan insanın yalancı nefsi, nursal hâlini (asli halini) unutturup, illüzyonda tutarak perdeliyor.

Böylece varlık ya nefse uyup illüzyonda kalmaya devam edecek ya da illüzyondan kurtulacak. İllüzyondan kurtulan insan iyi insan olacak ve kendindeki gerçek hâl olan hakiki hâli ortaya çıkaracaktır. Çıkarmaz ise illüzyonda kalacak ve "zebaniler" gelecek! Elbette **zebaninin illüzyonda olma durumunda devreye giren bir program** olduğunu artık biliyoruz.

Zebaninin verdiği bir acı yok ama tabii ki eti tırnaktan ayırmak gibi bir algının varlığı düşünülebilir. O **zan** (**beden olduğunu zannetme**) hâline öylesine yapışan insan öldüğünün bile farkında değil. Ancak gitmesi lazım bir yandan da, gidemiyor, beden algısında sıkışıp kalıyor.

Bir kuvve devreye girmeli ki böylece beden ile can (nur) ayrılsın. Velhasıl bu durum yaşamı boyunca aslına dönemeyen, yolu tamamlayamayan kişi için geçerli bir durumdur. Kişi kendi başına beden algısı ile bilinci ayıramadığı için bir kuvveye ihtiyaç hasıl olur. İşte bu zebani programının işleyişi ile gerçekleşebilir olur.

Beden algısından kurtulmak için hep bahsettiğimiz ***İKRA*** gereklidir. ***İkra,*** ilk yaratılış formatımıza dönüşümüzü sağlayan bir programdır, default (fabrika ayarı) ayarımızdır.

Aslında bizler ilk yaratıldığımız en mükemmel hâlden değişime uğramış varlıklarız.

Alak suresi, tekrar ilk yaratıldığımız o en mükemmel hâle geri dönüşümüzü sağlamaktadır.

Alak içindekileri ortaya çıkaran ***İkra,*** nefs ile hakikat arasında bir ayraçtır ve bu bakımdan nefsten hakikate geçiş için ***ikra*** etmek gerekli olur. ***İkra,*** hakikate varmayı başlatan programdır. Bir başlatıcıdır. İkra insanın yaratılırken kendisine yüklenmiş olan programı başlatır.

Kişi her ***ikra*** edişinde o sırada bulunduğu bilinç seviyesinden bir üst bilinç seviyesine çıkar bu böylece devam eder.

Bu *ikra* ediş bir bilinç sıçrayışıdır. Böylece adım adım hedefe yaklaşılır. Yani **İkra** başlaştıcı ve devam ettirici, **Secde** ise sonlandırıcıdır.

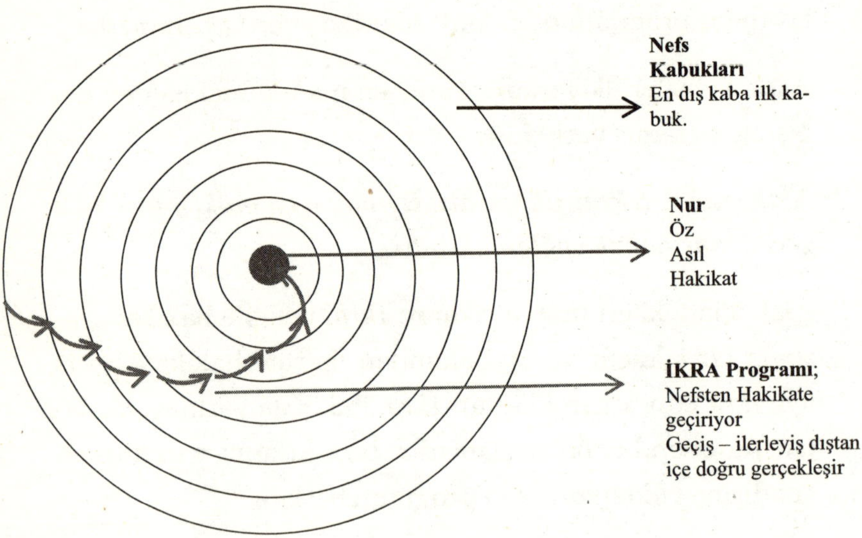

Her bir kabuğun sıyrılması İKRA ile olur.
Her nefsten kurtulunulduğunda bir kat daha hakikat ortaya çıkar.

Şekil 8:
İkranın gerçekleşmesi ile bilinç kabuklarında yükseliş

Bilinç sıçrayışı bir aydınlanmadır ve aydınlanma yalnızca ruhsal değil aynı zamanda bedenseldir.

Ruhsal olarak aydınlanırken bedende ne olur?

Bilinç sıçrayışı atomik seviyede başlar. Atomun yapısında bulunan elektron herhangi bir şekilde enerji kazandığında bulunduğu alt enerji seviyesinden bir üst enerji seviyesine yükselir. ***İkra*** etmek alt enerji seviyesinden üste çıkmak için elektronun ihtiyaç duyduğu enerjiyi sağlar.

Peki, ne şekilde ***ikra*** edilebilir?

İki şekilde ***ikra*** edilir: İlki **hayat tatbikatı (tekâmül)** dediğimiz yaşayarak öğrenmemiz durumunda elde ettiğimiz bilinç sıçrayışı (yükselişi), idrak seviyesi, ikincisi **ilim** ile gerçekleşen bilinç yükselişidir.

Hayat tatbikatı, yaşamda karşılaştığımız her türlü olaylardır. Bizatihi hayatta karılaştığımız olaylarda yaşadığımız hissedişlerle duygular oluşur. Bu duygular bedende enerjiye dönüşür. Yaşanılan olaylarla bedende oluşan bu enerji, atomik seviyedeki elektronun bulunduğu enerji seviyesinden bir üst enerji yörüngesine çıkmasını sağlar. Yaşanan olayın, durumun bizim tarafımızdan olumlu ya da olumsuz olmasının bir önemi yoktur. Bir şeyle karşılaştığımızda içimizde oluşan duygunun şiddeti atomik seviyede gerçekleşerek sıçrayış için ihtiyaç olan enerjiyi sağlar.

Hayat tatbikatı (yaşayarak-deneyimleyerek) ile kazanılan enerji, herhangi bir olayla karşılaşılmasına gerek kalmadan **sürekli ilim** ile de sağlanabilir.

İlim yolunda ***ibadet ve bilgi*** olarak iki şekilde ilerlenebilir.

İbadet bireydeki frekansı sürekli değiştirdiğinden kişinin atom yörüngelerinde bulunan elektronların enerji seviyesi sürekli değişmektedir.

İlim yolunun diğer kolu olan ***bilgi***nin kendisi enerji olduğundan birey bilgi aldıkça her defasında elektron seviyesinde değişim meydana gelerek, yükseliş yine vukuu bulacaktır.

TEKAMÜL DİYAGRAMI

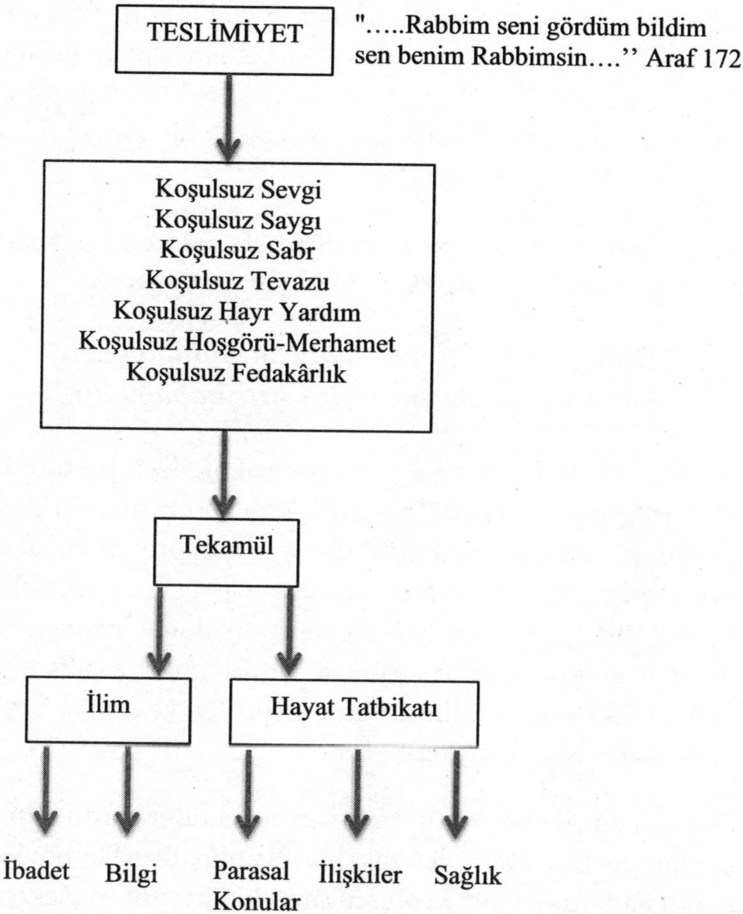

Her **ikra**da yeni bir enerji oluşur bu, kişinin idrakini açar ve böyle ilerlendiğinde hakikate ulaşılır. Hakikat her ne kadar özde olsa da her kabuklanma (nefsânîleşme) seviyesi aynı anda hakikatin bir parçasına karşılık gelir. %100'lük hakikatin, onu çevreleyen kabuklara dağıldığını düşünürsek her bir nefs aslında kendi içinde belli bir yüzdede hakikati barındırır. Özsel şuur ise tüm kabukların hepsinin kalkması *(bknz. Şekil 8)* ile ortaya çıkacak olandır ki bu da zaten **Rabb'e (Asla) rücûdur.**

Tüm nefsten arınıldığında, henüz nefs yokken ki ilk hâle dönülür yeniden o ilk öz, aslolan hâlimiz oluruz.

Dolayısıyla atomik seviyede bulunan her bir elektron yörüngesi bir nefs kabuğudur.

İnsanın ilk hâle dönüşünün atomsal ifadesi **proton ile elektron sayısının eşit** olmasıdır. Zira henüz uyanışı yaşayamamış bir bireyin atomsal durumunda proton ve elektron arasındaki eşitlik bozulmuştur yani en doğal hâlini kaybetmiştir. Doğada her element en doğal hâlinde olmaya, kendini soygazlaştırmaya, kararlı olmaya çalışır. Bu nedenle her yapı kendinde bulunan proton ve elektron eşitliğini sağlamaya çalışırız.

Doğada doğal olarak nötr bulunan elementler vardır, olmayanlar da bir araya gelerek bileşik oluştururlar böylece kendi hallerindeyken ki oluşturamadıkları proton-elektron eşitliğini başka bir element ile birleşerek sağlamış olurlar. Böylece kararsız halden kararlı hale, + veya - halden, nötr hale erişirler. Bilimsel olarak bu, ***"her şey doğasına dönmeye meyleder"*** şeklinde tanımlanır ki insanda ve doğada bunu çalıştıran **"İnne ilâ rabbike'r-ruc'â" "aslına rücû**

eder"- (Alak-8) algoritmasıdır. Her şeyin doğasına yöneldiği ve hatta döndüğü yaratımda, insanın doğası da Rabb'dir.

Yaşamı içinde bir insanın henüz uyanamamış olması henüz nötrlenememesi (proton, elektron sayısına eşit değil ise) durumunda doğadaki tüm diğer canlı ve cansız varlıklar gibi davranarak kendi eşitliğini kurmak için bir başkası ile ya da hayatta pek çok durumla karşılaşarak atomik eşitliğini sağlayabilmektedir. Bu nedenledir ki yaşamımızda karşılaştığımız her kişi her olay, kendimizde bulunan proton ve elektronları eşitlemek yani en doğal halimize dönmemizi sağlamak, nötrlenmek içindir. İnsan da tüm doğadaki elementler gibi soygazlaşmaya çalışmaktadır. Bu, uyanma, aslına dönme olarak tanımladığımız şeydir.

Uyanışın olabilmesi için bahsettiğimiz nötrlenmenin gerekliliği hayatımızın her alanında karşımıza çıkmaktadır. Nefsli olunduğu sürece bu nötrlenme olmamış yani asli hal bozulmuş demektir. Proton ve elektron eşitliği bozulmuş olan insan, yeniden bunu sağlayacak şekilde yaşamda yol alır böylece en sonunda nötrlenir (*bknz. Şekil 9*).

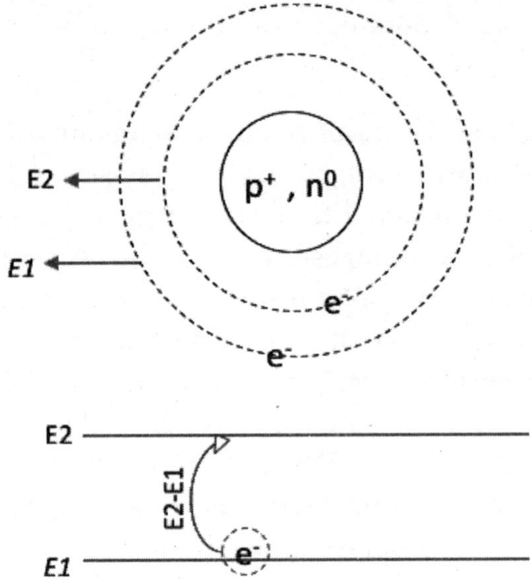

Şekil 9:
Elektronun alt enerji seviyesinden üst enerji seviyesine geçişi.

Atom yörüngesinde bulunan alt enerji seviyesindeki elektronun, üst ve alt enerji katmanı arasındaki fark kadar (E2-E1) bir enerjiyi bünyesine almasıyla alttan üste geçişi. Buradaki alttan üste yükselmesi için gereken enerjiyi, hayatında yaşadığı olayların bedende yarattığı duygulanımlar sayesinde elde eder. Duygular enerjidir. İnsan, elektronun ihtiyaç duyduğu enerjiyi bu yolla temin eder. Hayat tatbikatının dışında da bilgi, ibadet yolu ile de yine bu şekilde sıçrayış sağlanır.

Yaşam ortamında proton ve elektronun sayısal eşitliğinin oluşması için karşılaşılan tüm olgular birer tekâmül programları olarak, daha önce değindiğimiz Alak 13'de yer alan bi-enna(A)llahe kodunun devreye girmesiyle gerçekleşir. Birey kendindeki atomik eşitsizliği giderecek uygun ortamları bi-enna(A)llahe ile yakalamış olur. Elbette bu durum kişinin bilerek isteyerek yaptığı bir durum değil, daha yaratımında yüklenmiş olan algoritmaların kendiliğinden çalışması şeklinde gerçekleşir. Böylece beşer, kendini o şeyin içinde yaşar bulur.

İnsanın atomik seviyesindeki nötrlemeyi (proton ile elektronun eşitlenmesi) kimyasal olarak gerçekleştirebilmesi için eğer elektron alması gerekiyorsa kendisine elektron verecek birine, ortama, olaya doğru yönelir. Eğer elektron vermesi gerekiyorsa bu kez de kendinden elektron alacak olay, durum veya kişiye yönelir.

Bu yönelimi sağlayan ***bi-enna(A)llahe programı*** ile kişinin olaylarla karşılaştığında hissettiği duygu, atomun kararlılığı için ihtiyaç duyulan enerjiyi sağlamış olur. Hayat sahnesinde karşılaşılan olaylar sayesinde kişinin atomu elektron alır ya da elektron verir. Böylece proton elektron eşitliği sağlanmış olur. Bunun içindir ki kişi her karşılaştığı olayda elektron sayısını proton sayısı ile eşitleyebileceği (nötrleneceği) ortamı yakalamış olur.

Her eşitleme gerçekleştiğinde bir adım daha hakikate **yaklaşılmış** olunur. Bunun da adı **secde**dir.

Yani bi-enna(A)llahe, kişinin aydınlanması için gerekli olayla karşılaşmasını sağlıyor, ikra edilirse idrak kazanılıyor böylece secde etmiş oluyor. Hakikate bir adım daha yaklaşılmış olunuyor (*bknz.Şekil10*)

UYANIŞIN GENEL ALGORİTMASI

BiennaAllahe

İkra

↓

Secde

↓

Rabb

Tekâmül etmemiz için içinde bulunduğumuz hologram yaşamda yalnızca iyilik etiğimizde gerçeklik oluşur. Çünkü hayatın her ortamında muhatabımız hep bir insan, olay veya durumdur. Hepsi de hologramlarımızdır. İyilik ettiğimizde ise muhatabımız daima Rabbi'dir. Bu durumda yapılan her şey Rabb'e yapılmış olur. İşte bu nedenledir ki hologram dünya ortamında yalnızca iyilik ettiğimiz an gerçekliği yaratmış olabiliriz. Fizyolojik boyutumuzda ise iyilik etmenin neticesi şu şekilde gerçekleşir. Bizler nötrlenmek için proton ve elektronumuzu dengeye getirmek üzere yaşam boyu durumlarla karşılaştık. Bu sayede iletişime girdiğimiz her şey ile elektron alıp vererek eksiğimizi tamamlayıp, fazla olandan kurtulmuş oluruz.

Yaşanılanlar olurken aynı esnada muhatabımız da elektron alıp veya vererek nötrlenmeye çalışır. Böylece bir tek olayda her iki taraf da tekamülünü yaşayarak nötrlenmeye çalışmış olur. Bu nötrlenme iyilik ettiğimizde farklı şekilde gerçekleşir. İyilikte muhatabımız, insan gibi proton elektronu eşitsiz olan bir varlık değil tamamen nötr olan Rabb'dir. Rabb nötr olduğundan, iyilik ettiğimizde daima "veren" oluruz bu da Rabbe vermemiz anlamına geldiğinden direkt olarak nötrlenmemiz gerçekleşerek sanallıktan kurtulup, hiç acı illüzyonu olmadan tekâmül etmiş oluruz. Yani normal yaşam süreçlerinde daima sanallıkla tekâmül ederken, yalnızca iyilik ettiğimizde hakikat yaşam sürerek acı illüzyonu olmadan tekâmül etmiş oluruz. Bu nedenledir ki iyilik etmek de nötrlenmeyi sağlayarak Rabbe yaklaştırdığından "secde" etmek olmaktadır.

İkra ederek bir alt seviyeden bir üst seviyeye her yükselişte bir parça nefsten arınılıp aynı anda bir parça daha hakikate yaklaşılır. Her ikra ediş sonucundaki bu yaklaşma "secde"dir.

---

* İYİLİK FREKANS - RABSELLEŞME

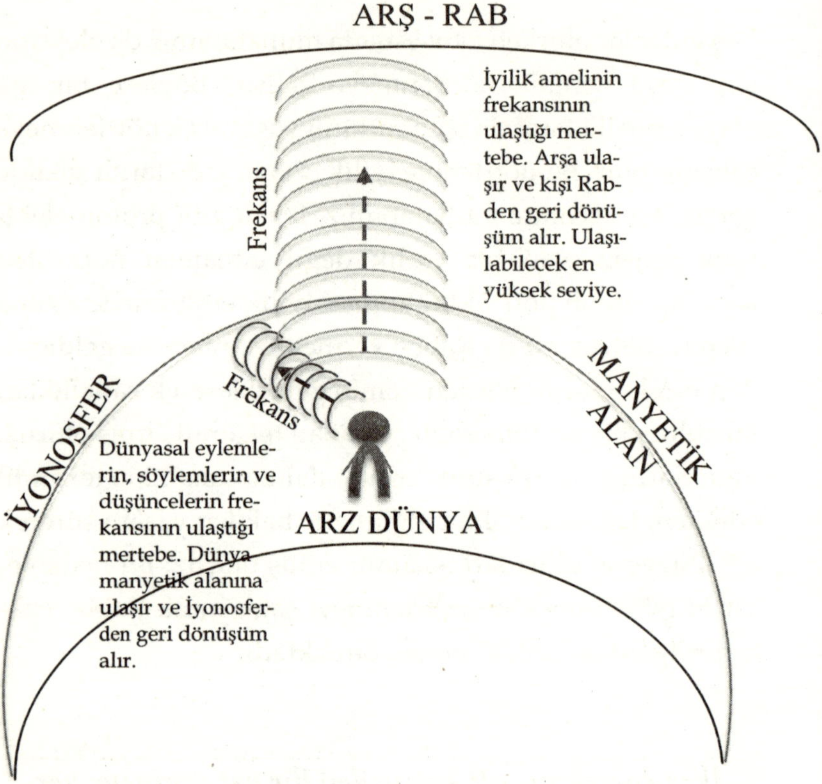

* Dünyasal her türlü amelimizde karşımızdaki kişi daima İnsandır. Yalnızca iyilik amelimizde muhatabımız Rab olur; doğa, insan, hayvan, bitki vs. iyilik ettiğimiz her şey ve herkes Rabdir. İyilik yapıldığında frekans otomatik olarak Arşa ulaşır ve kişi Rabselleşir. Rabselleşmiş kişi hayata dair her konuda Arş'dan geri dönüşüm alırken, dünyasal yaşayan kişilerin frekansı ancak dünyanın manyetiğinde kalacağından, frekansını ulaştırabildiği dünya manyetiğinden yani iyonosferden geri dönüşüm alacaktır. Dünya manyetiği düşük frekans iken Arş en yüksek frekans seviyesidir.

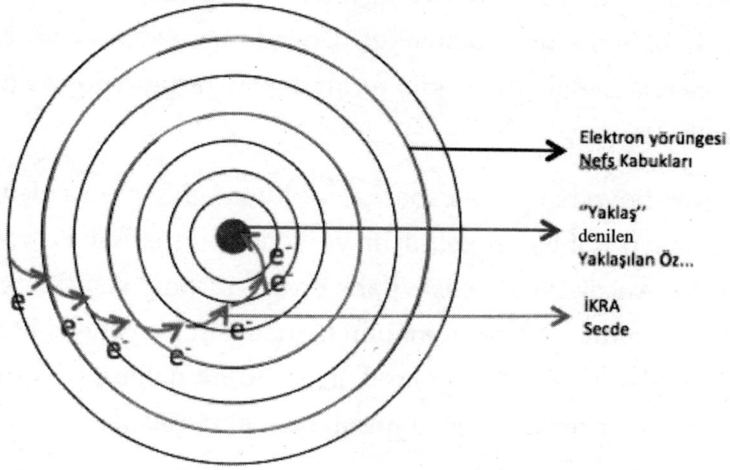

Şekil 10:

İkra – Secde görüntüsü*. Elektron, yörüngelerde adım adım yükselerek alt enerji seviyesinden üst enerji seviyesine ilerler,* böylece ***yaklaşır****. Bu yaklaşmayı* ***secde*** *ederek gerçekleştirir.*

Her ne kadar nefs kabuklarının 7 tane olduğunu söylediysek de aslında 14 kabukludur ki her kabuk da kendi içinde 7 yersel - 7 gökseldir bu da 14 x 14 (196) tane kabuk anlamına gelir, bu her bir kabuk da yine 7 yersel-7 gökseldir ve bu böylece gider. Kabuklanma olarak bahsettiğimiz atom etrafındaki elektron yörünge sayısı da aynıdır. Zira nefs kabuğunun atom yörüngeleri olduğunu çokça belirtmiştik. Yani bilindiği gibi atom etrafında yalnızca 7 adet elektron yörüngesi bulunmamakta bir de onun 7 göksel yörüngesi bulunmaktadır. Toplamda bir atomun 7 bilinen 7 bilinmeyen 14 elektron yörüngesi vardır. Bunların 7 tanesi elektron diğer 7'si ise pozitronları içerir. Bu kısımlara ileride ilgili sure ve ayetler geldikçe değinilecektir.

Biz Rabb'den yaratıldık ve yaşam boyunca bütün amacımız da Rabb'e tekrar yönelmektir. Doğada her şeyin kendi öz doğasına meyil etmesi gibi insan denen varlığın doğası da Rabb'dir.

Yaşam boyu hangi dile, inanca, topluma sahip olursa olsun her insan Rabb'den gelmiştir ve yönelişi yine Rabb'e olacaktır. Ancak bu yönelişte Rabb'e varış insanın kendi çabasına bağlıdır. Her neye inanılırsa inanılsın bu yöneliş kendiliğinden bizde doğal olarak işler. Bilsek de bilmesek de, istesek de istemesek de, inansak da inanmasak da...

Hepimizin aynı olandan yaratılmış ve yine aynı olana dönecek oluşumuz bizleri kardeş kılar. Farklılık, bu ikisi arasındaki bilinçlerimizdedir, kendimizi nasıl tanımladığımızdadır. Bizler ***ben***i tanımladığımız sürece ayrıklaşır, ötekileşiriz. Aynı olmamıza rağmen bu bizi farklı, öteki, ayrı kılan unsur olur.

Alak algoritması tüm evrensel sistem içinde mikrodan makroya (zerreden kürreye) her varoluş katmanında; hücre, atom, proton, elektron, kuark, enerji katmanlarında, bitkiler, hayvanlar, doğa, dünya, gezegenler, galaksiler ve evrenler hatta âlemlerde her an işlemektedir. Bunu biz bilmesek de...

Tüm yaratılışlar, ***alak hâl***inden gelerek kendine yüklenmiş özsel programlar doğrultusunda vücut kazanmışlardır.

Kendisi Rabbsel olan insan, bundan bihaber geldiği dünyada yine bihaber yaşam sürüp gider. Hakikat olana erişim ancak ve ancak idrak ile gerçekleşebilir. Bu idrak ***İKRA*** ile elde edilir.

Hologramik bir yaşam formu olan dünya hayatı bizlerin "sanal gerçekliğidir". Burada karşılaşılan her şeyin hologram dünyamızın yansıması olduğunun bilinmesi ise ikranın ilk mertebesidir.

Burada sözü edilen her şey "ben" diye tabir olunan şahitlik ortamına düşmesidir. Bu, bir bilgisayarı açtığımızda ekrana gelen görüntü gibidir. Bilgisayarda hangi program varsa o programı ekranda görürüz ve bilgisayarda o çalışır. Bilgisayarda bulunmayan programı kullanamayız.

Örneğin bir projeksiyonu duvara yansıttığımızda duvarda bir şeyler izleriz. Peki, gerçekte izlediklerimiz duvarda mıdır?

Duvarda izlediklerimiz, bilginin bulunduğu cihazdadır. Bu durumda izledikleriniz aslında duvarda değil gerçekte cihazdadır. Duvara baktığımızda ise cihazda bulunan bilginin projeksiyonunu izleriz.

Beyni bilginin bulunduğu cihaz, yaşamı ise beyin cihazının ekranı olarak tanımlayabiliriz. Bu ekranda bulunan diğer ifade ile yaşam ortamındaki yaşanılanları yani beynin projeksiyonunu izleriz buna "yaşıyorum" deriz.

İzlenilen, görülen, bakılan nedir? Biz ekranda, yansıda ne izliyoruz?

Tüm olup bitenlerin beynimizdeki programların tecelliyatı olduğunun farkında mıyız?

Bunların birer hologram olduğunun fark ediyor muyuz?

Bu hologram ortamda tek hakikatin ne olduğunu görebiliyor muyuz?

Deneyimsel bilgi nedir? Bilgi mi kutsaldır yoksa kutsal olan bilgiyi deneyimlemek mi? Bizler burada hatırlamak için bulunuyoruz. Peki neyi hatırlamak için? Hakikati yani öz bilgiyi hatırlamak için bulunduğumuz bu evrende, deneyimlerle (yaşanılanlar) olana "var" diyerek hatırlıyoruz. Bu nedenlerdir ki ***deneyimsel bilgiye*** her defasında şahit oluyoruz. Bilgi biz şahit olduğumuz an var oluyor. Aslında zaten var olan bilgi biz fark edene kadar bilincimizde yok iken, şahitlik ortamımıza düştüğü an "var" kılınıyor. Biz böylece o bilgiye şahit olmuş oluyoruz.

O esnada aslında şunu söylemiş oluyoruz "ben buna şahidim bu var". Bu şahitliği henüz insan olmadan önce yaratım fazında daha yaratımımızın ilk günü yaptık. Orada da şunu söyledik **"evet, sen benim Rabbimsin ben buna şahidim" (Araf 172).** Şimdi de bu hologram ortamda gördüğümüz, işittiğimiz, deneyimlediğimiz her durumda Rabbin varlığına şahitlik ediyoruz. Mesele ise bu şahitliği o anda biliyor, fark ediyor olmaktır. Nasıl ki yaratım anında Rabbin varlığına şahit olduk işte burada da her deneyim ile O'na şahitlik ediyoruz. Aradaki tek fark yaratım anında şuurumuz açıktı ve Rabbi gördük, burada ise şuurumuz kapalı olduğundan Rabbi ancak idrak ile, olana şahitlik ederek görür olabiliyoruz. Bu nedenledir ki hologramda kaldıkça Rabbi göremiyor (fark edemiyor) ve Rabbe verdiğimiz "sen benim rabbimsin, şahidim" sözünü yerine getirememiş oluyoruz.

Rabbe dair her şeyi şahit olarak var kılıyor ve idrak ile de hatırlıyoruz. Bu sebeple bilginin kutsallığından ziyade bilginin deneyimleniyor olmasının kutsallığı ön plana çıkıyor.

Peki, sen ekranında ne izliyorsun?! Neye şahitlik ediyorsun düşün!

Beyin kıvrımlı yapıda bir et parçası olarak aslında biyolojik bir cihazdır. Bu cihaz sayesinde nursal varlık olan insan dünya boyutunda bulunabilir ve burayı algılayabilir olmaktadır. Beyni çevreleyen beyin zarı 1 mm kalınlıkta olup 7 katmanlıdır (6 aralık bulunur) (*bknz.Şekil 11*). Bedendeki tüm sinyaller beyne sinir ağları ile ulaşarak beyin tarafından bu zara ulaştırılır. Her gelen sinyal beyin zarının bir katmanına karşılık gelir. Her katman aynı zamanda o kişinin bilinç seviyesiyle de eşdeğerdedir. Kişi hangi bilinç seviyesinde ise beyin zarının o katmanından dünyayı izler ve algılar. Görüyorum, yaşıyorum, bir odadayım, dışarıdayım, yanımdan bir araba geçti vs. dediğimiz etrafımızda algıladığımız her şey beyin zarında gerçekleşmektedir (*bknz Şekil 13*). Beynimizde hem yaratıma dair tüm yaratılmışların kodu hem de ailemizden gelen inanç kodları bulunur. Bu kodlar her an beyin zarına sinyalizasyon ile ulaştırılarak resme, nesneye, "şey"e dönüştürülür. Beyinde bulunan kodlar (bilgi), beyin zarına projekte olur adeta beyin bilgisayar, beyin zarı ise projeksiyon perdesidir. Bu doğrultuda, tüm yaşam dediğimiz bu beyin zarından ibaret ve bizler kendi beyin zarımızda yaşamaktayız. Etrafımızda gördüğümüz her şey, yaşanılanlar, uzay, gezegenler, vs. her şey biz dahil 1mm'nin içindeyiz. Baktığımızda bizden çok uzakta gördüğümüz gök yüzü, güneş, ay halbuki yalnızca 1mm kalınlığın içinde.

Hep bahsettiğimiz nefsten arındıkça bilincimizdeki ilerleyiş ile izleyecek olduklarımız (yaşadıklarımız), beyin zarının bu yeni bilince karşılık gelen katmanında vukuu bulmaktadır. Örneğin kişi birinci bilinç seviyesinde ise beyin zarı katmanının birinci bilinç katmanında yaşam sürer ancak bunlardan habersiz, dışarısı-dünya ortamında yaşadığını zanneder (bu konu, ilgili surede derinlemesine ele alınacaktır) (*bknz Şekil 11*).

Beyin, tüm yaşamın vukuu bulduğu olay meydanıdır.

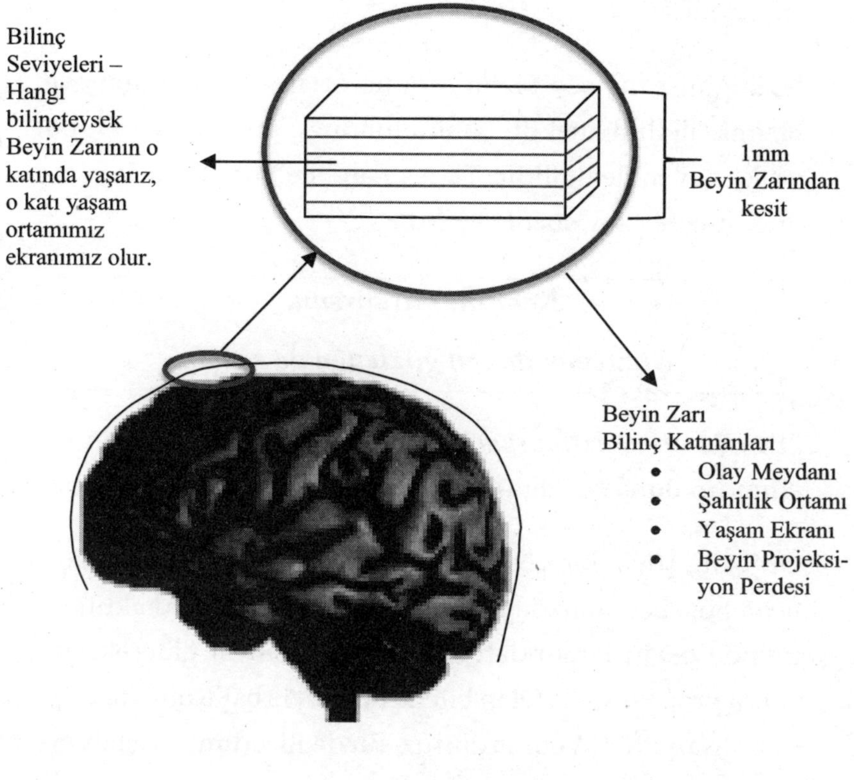

Şekil 11:

Beyin Zarı – Beyin Zarının 7 Katmanı

Etrafımıza her baktığımızda dışarıya baktığımızı düşünürüz oysaki bizler her seferinde **dışarıya değil içeriye bakarız.** Tam şu an, etrafınızda gördüğünüz her şey, kitap okuyor oluşunuzda dışarıda değil içeridesiniz. Kendi beyninizin içindesiniz.

İzlediğimiz her şey bizim şahitlik ortamımıza düşmüş ve bizimle ilgili demektir. Şahit olunduğu andan itibaren bu artık izleyen ile ilgilidir. Tam şu an bile bu satırlarda okuduğunuz her şey sizinle ilgilidir.

Kendini izliyorsun.

Gözleyen de sen gözlenen de sensin.

"Ben şu an ne izliyorum?" sorusu ikranın başlayacağı ilk adımdır. Buna verdiğin cevap sende olanı keşfin olacaktır.

Örneğin, şöyle bir gökyüzüne baktığımızda gördüğümüz uçan kuş, beynimizde kod olarak bulunur bu kod aktifleştiğinde beyin tarafından beyin zarına sinyal giderek kuş zarda projekte olur. Olan bitene her böyle bakışımızda böylece yaşamı ***İKRA*** etmiş oluruz. Bu da ilk adımla başlattığımız ikranın devamıdır.

Bakılanın yarattığı duygular çerçevesinde içinde bulunulan durum, olay; acı, tatlı, güzel, çirkin olarak algılanıyor. İzlenen ne ise zihnimizden yansımaları değerlendirdiğimizde, ne sebeple bu duruma şahitlik ettiğimizi bilir oluruz.

Her böyle farkındalıklı yaklaşım, olay illüzyonuna kapılmaktan kurtulmak ve içimizdeki hakikati görmemizi sağlamak içindir.

Eğer hakikate yönelmek yerine illüzyona düşersek elde ettiğimiz yalnızca acı olacaktır ki acı diye tanımlanan illüzyonun oluşturduğu gerçek olmayan sanallıktır (zandır). Her şey gibi o da beyinde bulunan bir koddur. Hakikatin getirdiği ise daima huzurdur.

İllüzyon algısı, ortamı gerçek zannetmedir. Beyin; kulak, göz vs.den aldığı verilere göre sanal gerçeklik yaratıyor ve biz de buna inanıyoruz. İçinde bulunduğumuz bu beyin projeksiyonunun oluşturduğu hologram hayatı; dokunduğumuz, işittiğimiz, kokladığımız, tattığımız, gördüğümüz sürece gerçek sanıyoruz. Bu bizim hakikate uyumamıza, illüzyonda kaybolmamıza neden oluyor. Tüm bu algı sistemimiz, beyin denen cihazın sinyal alma aletleridir ve bizatihi bunlar nedeniyle illüzyonda kalırız. Hatta diyebiliriz ki bu nedenle bizler adeta algılarımıza hapsolmuş durumdayız.

Şekil 12:

Beynin sanal gözlük alegorisi

Asıl olan "ben", beyin denen sanal gözlük takarak dünyayı algılıyorum. Bu sanal gözlükte bulunan algoritmalar ile her şeyi görüyor, duyuyor, tadıyor, dokunuyor, kokluyor olduğumu zannediyorum.

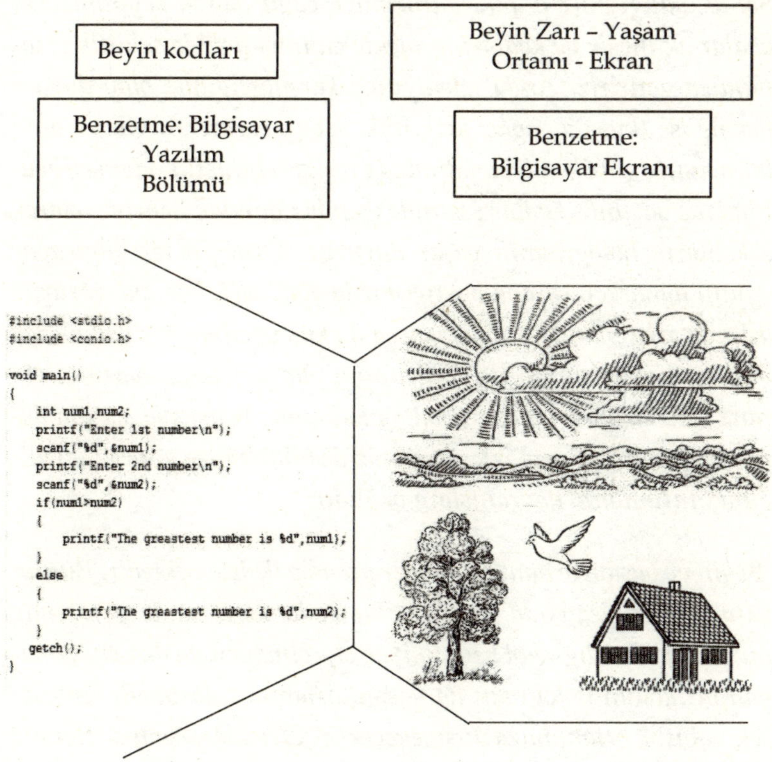

Şekil 13:

Beyinde bulunan kodlardan oluşan yazılım ve bu kodlara karşılık gelen yaşam denen ortamdaki görüntüleri. Bunu bilgisayarda bulunan yazılımlar ve bu yazılımların ekranda görüntüye dönüşmesine benzetebiliriz.

Sahip olduğumuz o anki bilincimize bağlı olarak beynimizdeki kodlar aktifleşir ve kodları, projekte edilmiş şekilde şahitlik ortamımıza getiririz. Anda izlediğimiz karşılaştığımız olay-durum her ne ise (kuş, ev, ağaç, kızgınlık, sevgi, başarı vs. gibi) o anki bilincimize göre kendi hayatımızda realize olmuştur. Her şey beynimizde yazılmış kodlar şeklinde iken biz bundan habersiz olarak o kodların hologramını yaşar dururuz. Örneğin bir bilgisayar oyunu oynarken ekrana baktığımızda ağaç, yol, kuş, vs. görürüz aslında arka planda o ağaç, yol ya da kuş yazılmış bir kod olarak bulunurken ekranımızda canlı resim olarak izleriz. Nasıl ki ekrana gelecek olanı oyunu nasıl oynadığımız belirlerse, yaşam denen ekranımızda neyi izleyeceğimiz de bilincimize göre sergilediğimiz tutumlara, davranışlara bağlıdır.

Beyin ve yaşam ortamı bu benzer prensip ile işlemektedir. Bunun yanı sıra bilgisayarda olmayan bir kodu da ekranda görmemiz mümkün olmadığı gibi beynimizde var olmayan ya da aktif olmayan bir kodun hologramı da yaşam ortamımızda tecelli etmeyecek, şahitlik ortamımıza düşmeyecektir. O halde yaşam dediğimiz ortamdaki realitemizi beyin kodlarımız oluşturmaktadır. Sadece yaşadıklarımız değil o an önemsiz olduğunu düşündüğümüz bizler için sıradanlaşmış olan örneğin gökyüzünde süzülen bir kuş bile yine beynimizde bulunan bir kodun o an içinde aktifleşmesinden ibarettir diğer tüm oluşlar da böyledir.

***

Dokunmak, görmek ve diğer algılarımızla hissedişlerimiz o kadar gerçekçi ki *"bu yoktur"* demek gerçekte olmadığını algılamak mümkün bile olamıyor. Daha önce de söylediğimiz beş duyu organına hapsedilmiş oluşumuz gerçeğin önündeki perde oluyor.

Bu illüzyondan kurtulmak için duyularımızın ötesine geçmemiz gereklidir. Zira hiçbir şey gördüklerimizden, diğer algılarımız ile hissettiklerimizden ibaret değildir. Biz gördüklerimizi *"**gerçek**"* sandıkça illüzyonda derinleşiyoruz. Bu uykuda derinleşmedir. Derinleştikçe ***hakikat***ten uzaklaşır iyice sanallığa gömülürüz.

Beyindeki Alak algoritması işte bu illüzyon hapsinden çıkıştır. Çünkü bizlerde kilitli olarak bulunan özsel programlar (Rabbsel özelliklerdir) bu sayede aktive olur ve algının yarattığı sınırlamalardan sırayla bir bir kurtuluruz.

Algı yanılgısı öylesine güçlüdür ki insan hep ***"ben"*** zannındadır. Örneğin, okyanustaki damlanın kendisini okyanus sanmasıdır. Kendisi Rabbin tüm özelliklerinden müteşekkil muhteşem bir varlıkken bundan haberdar olmadan ***benlik*** yanılgısının içinde kalan insan durumu buna benzer. Halbuki Rabbsel özellikleri ile bir okyanusken, kendini damla sanmakta bu da yetmezmiş gibi damla zannettiğini bilmez halde bir de damlalığı ile böbürlenir durur.

Benlik kaldığı sürece, kendindeki o en tam özelliklerin asla farkında olamayacaktır. Benlik duygusundan kurtuldukça asıl olan, **öz olan *ben***e yaklaşır insan. Ve böylece en sonunda Rabbselleşir. Kendindeki Rabb'i bulur bunu ortaya çıkarır.

Dinler yoktur.
Yalnız yaratımın sistemi olan
İslamiyet vardır.
Tüm peygamberler bunu
anlatmışlardır.

Rabbsel bilinç, dünya denen hologramını artık *cennet*e dönüştürmüştür. Çünkü tüm sistemin işleyişini bilmekte, hayat bir araç ve kendi de bu aracı kullanmaya başlamıştır. Artık istediği hologramı da oluşturabilir olur. Bunun olması elbette liyâkat ile mümkündür. Çünkü bu bilince erişmiş biri artık bensel değil Rabbsel bir idrak içinde yaşayacak ve hologramı nefsânî yönetmeyecektir. Bunu yapabilir olmak, tüm insanlarda mevcut olmasına rağmen ancak belli bir bilince gelmeyi gerektirir. Henüz bu bilince gelmeden bu özelliği kullanabilir olmak, kişi nefsânî olduğundan tüm gücünü kendisinin nefsi için kullanmasına neden olacağından liyâkat sistemi içinde tedricen bir ilerleyiş söz konusu olmaktadır. Bu ilerleyiş adım adım her defasında bir basamak daha yükselmek şeklindedir. Her gelinen basamak bir idrak seviyesidir.

Kendini kendinde açamayan bir bilinç de haliyle hologramını yönetemez kendisinde bulunan programlar önüne ne getirirse onu izler onu yaşar olur.

"Her yaşanılandaki olanı izle, şahit ol, ikra et, secde et, yaklaş."

Yaşanılan olayların illüzyonundan kurtuluş için, o ilk günümüzde Rabb'e verdiğimiz sözü yinelediğimiz an, dönüşümü başlatmış oluruz. Bu söz ***"Rabbim, sen benim Rabbimsin, şahidim (seni gördüm bildim)."*** sözüdür.

Bu sözü yaşam içinde her karşılaştığımız durumda söylediğimizde aslında şunu söylemiş oluyoruz: **"Bu olay bir illüzyondur. Benim algılarımdan ibaret bir hologramdır. Gerçek değildir. Ben buna değil hakikat olana inanırım.**

Hakikat olanı görür, bilirim. Hakikat olan Rabb'den başka gerçeklik yoktur. Ben yalnız Rabbi bilir yalnız Rabbe teslim olurum, Rabbe şehitlik ederim".

Böylece kişi o olayın, içine alacağı illüzyondan kurtularak -ki alacak olsa leyatğa özelliğimizden dolayı acı, kırgınlık, öfke, nefret, kayıp, korku, suçlama gibi durumlar içinde kalınır- hüdâ ve takvâ programlarını başlatmış olacak ve bu olayda *İKRA* etmiş olarak bir üst bilinç seviyesine ulaşacak, perdesini kaldıracaktır.

Hakikat olanda acı, öfke, korku, nefret, kin yoktur. Hakikat olanda yalnızca sevgi ve merhamet vardır.

"Sevginin şefkati ile sarıyorum hakikati görüyorum." ifadesi ***"Rabbim seni gördüm bildim sen benim Rabbimsin."*** algoritmasıdır. **Bunun tekrar tekrar söylenmesi ile bu algoritma başlatılabilmekte ve *acı, korku, nefret illüzyonu yerine sevgi ve merhamet getirmektedir.***

Asıl olan ***ben,*** beyin denen sanal gözlük takarak dünyayı algılıyorum. Bu sanal gözlükte bulunan algoritmalar ile her şeyi görüyor, duyuyor, tadıyor, dokunuyor, kokluyor olduğumu **zan**nediyorum. (*bknz Şekil 12*)

***

Allah için dil, din, ırk diye bir ayrım yoktur insan diye bir yaratım formatı vardır.
Bizler birbirimizden ayrı değil hepimiz aynı yaratımın ürünüyüz.
*Hepimiz "**BİR**"iz.*

Doğada her şey ilk yaratıldığı gibidir. Gelincik çiçeği yaratıldığı ilk günden beri gelincik gibidir. Bir arı yaratıldığı ilk günden beri bal yapmaktadır. Ne gelincik şikâyet eder papatya olayım diye ne arı örümcek olup ağ yapayım der. Doğada her şey aslı gibidir doğada her şey **ilk yaratıldığı gibidir**. Bir tek insan ilk yaratıldığı gibi değildir! İnsan, ilk öz hâlinden sürekli şaşmıştır. Oysaki her şey aslına dönecektir!

"İnne ilâ rabbike'r-ruc'â"

***

Yaratımın dili biyoloji, kimya, fizik, matematiktir. Biyoloji kimyadan, kimya fizikten, fizik de matematikten daha önemliyim demez birlikte yaşamı var ederler. Bilimle çevrili bir dünyada yaşıyoruz. Yaşamı anlamak için biyolojiyi, biyoloji bilmek için kimyayı, kimyayı bilmek için fiziği, fiziği bilmek için de matematiği bilmemiz gerekir. Biz bunları keşfettikçe daha iyi insan, daha iyi bir ebeveyn, daha iyi bir eş ve yaşadığımız topluma daha faydalı oluruz. Kendi türümüzün gelişmesini sağlar daha iyi bir gelecek inşa edebiliriz.

Birbirimize yardım edebilir, sevgiyle ve merhamet ile dünyayı daha iyi bir yer hâline getirebiliriz. İnsanın yaratılmasında istenende olduğu gibi...

Hem içimizde hem etrafımıza baktığımızda gördüğümüz her yerde her an bilim çalışıyor; yaşamın dili bu. Biz bu dili bilmeden yaşamı nasıl anlayabiliriz ki? Çevremize baktığımızda bir arabanın gidişinde görelilik kanunu, bitkinin gelişmesinde entropi yasası, bir yaprağın düşüşünde kütle çekim kuvveti çalışır ve çalışır. Tüm bunların hepsi aynı anda bedenimizde ve çevremizde her an işlemektedir.

Hem içimizde hem dışımızda sürekli işleyen muazzam bir harmoni var. Bu harmoninin ahengine katıldığımızda artık yaşamın ne olduğunu bilir, anlar ve onunla ***BİR***likte oluruz. Uyum içinde oluş, huzur ve coşkuyu beraberinde getirir ki böylece yaşam, tat alınan bir lezzete dönüşür.

Bir kişi ile uyum içinde iletişim kurabilmemiz için onun dilini bilmemiz gerekir. İçinde hayat sürdüğümüz bu yaşayan yapının dilini bilmemiz de gerekmez mi?

Bize nefes alma ortamı olan içinde bulunduğumuz bu sistem Kur'an ve dili frekanstır (titreşim-harmoni). Biz bu dili bildikçe tüm varoluşla muhteşem bir ahenk, uyum içinde yaşıyor olacağız. Daha ileri düzeyde bizimle meğer her an konuşmakta olduğunu da fark edeceğiz. Bunun için yalnızca kalbimizle dinlememiz, sevgiyle kucaklamamız yeterli. İnsanların, diğer canlıların, doğanın ve evrenin harmonisine böylece biz de katılmış olacağız.

Prangalar elde mi sanırsın!
Kalbindedir hapsin
Benliktir prangayı vuran
Kurtul ki çıkasın aydınlığa
Kurtul ki Hâkk sende aşikâr ola
- Hülya Kavuzlu -

Alak Algoritmasının İnsandaki İşleyişi

Alak suresinin ilk beş ayetinin her gün 49 kez okunmasıyla kendimizdeki yaratılma nedenini, kendi programımızı açabiliriz.

Tek başına 1. ayetin okunması ile Rabbsel programa "başla" komutu vererek programı başlatmış oluruz. Bunun sonuçlanması zaman içinde yaşadıklarını idrak ettikçe gerçekleşebilirdir.

2. ayetin sürekli okunması ile yaratım programı ortaya çıkarılır. Ne için yaratıldıysak o program devreye girmeye başlar.

Bebek bekleyen bir annenin ***alak*** suresini her gün hamileliği boyunca 7 kez okuması ile bebeğinin rahim içindeki gelişiminin sağlıklı olması sağlanabilir.

8. ayetin her gün 100 kez tekrar edilmesi ile uyanmaya başlanacak, hakikat hatırlanacaktır. Kişi kendi özüne ulaşacaktır. Rabb'e rücû edebilecektir. (İdrakli yaşam sürmek ile gerçekleşir olacaktır).

Salât etmekte zorlanan kişiler 9. ve 10. ayetleri tekrarlayarak salâtı engelleyen nefs bertaraf edebilir.

Hidâyet yolunda kalmak takvâya ulaşmak için 11. ve 12. ayet tekrarlanabilir.

İllüzyona düşmüş kişiler 13. ayeti okuyarak bundan kurtulabilir. 11. ve 12. ile birlikte okunması ile mevcut yaklaşımı düzeltip hüdâ yoluna girilmesi sağlanabilir.

Dünyasal yaşamda sıkıntıya düşmüş kişiler 14. ayeti tekrar ederek buna neden olan nefsini fark ederek yaşam akışını düzeltebilir.

19. ayetin tekrar edilmesi ön beyin gelişmesini sağladığı için kişi her an biraz daha nefsten kurtularak hakikate ulaşacaktır. Aynı zamanda ön frontal lobda fiziksel sorunu, öfke kontrolsüzlüğü, konsantrasyon zayıflığı olması durumunda 19. ayetin tekrar edilmesi ile düzelme gerçekleşebilir.

Bunun yanı sıra 19. Ayetin tekrar edilerek çalışılması ile yaşamda herhangi bir işin sonuçlanması sağlanabilir. Manevi manada ise secde bilincine varılarak Rabbsel bilince yaklaşılır. İllüzyondan kurtuluş, hakikate erişim sağlanır. Olumsuz alışkanlıkların olması durumunda bundan kurtulmak istendiğinde 19. Ayet çalışılarak yanlış durumdan doğru olana, sanal olandan hakikat olana yönelinilecektir.

SÖZLÜK KODLAR

Abd: Beden, beden algısı, beden bilinci. Beden ile ilgili.

Açık Şuur: Bilinçli olmak, bilincin açık olması, tüm kendinde bulunan özellikleri, bilgileri, programları bilmek. Hakikati biliyor olmak.

Âdem: Yaratılmış ilk tek hücre, ilk canlı organizma

Alak: Mikro düzeyde anne rahmindeki zigot aşamasından sonra oluşan embriyondur. Makro düzeyde yaratımın safhalarından olan moleküler seviye olup Rabb'in ***Alak***ıdır.

Rabbin tüm özelliklerinden oluşan moleküler faz. Yaşam içinde hedeflediğimiz bir şeyi gerçekleştirmek için yapmamız gereken her şeyi yapıp işin sonucunu beklemek hali, her türlü iş, oluş için yapılması gerekenleri yapıp beklemek. Kendi bünyesinde bulunan özellikler, vazife, fıtrat, program tamamıdır ancak bunlar olmasına rağmen bilinmemesi alaktır, bilmek için ikra gereklidir.

Yaşam içinde bir işi yapabilmek için gereken vasıflara sahip olunmasına rağmen kişinin hayatında kullanamıyor olması alak halidir. Kişinin kendindeki vasıfları, potansiyeli kullanabilir olmasını kişinin kendindeki ikra başlatabilir. Manevi manada insanın yaratımında kendine yüklenmiş tüm rabbsel özellikler kendinde henüz ortaya çıkmamış ancak özelliklerin ortaya çıkmasından bir önceki safhada olma bilinci alak bilincidir. Her türlü iş, oluşun sonuçlanmasından bir önceki safha. "Yapacağımı yaptım artık gerisini Allah'a bırakıyorum" dediğimiz o hal alak halidir. Alakta bulunanların ortaya çıkarak sonuca ulaşması daima ikra ile olabilir. Alak Bilinci: Aydınlanmadan bir önceki sahfa. İkra ile aydınlanma başlar, ikra bu nedenle alaktan sonraki aşamadır.

***Düşünülen bir iş, oluş, proje gibi hayata dair planladığımız şeylerin gerçekleşmesinden önceki aşama. **İkra** ile olması başlatılır **halak** ile bu gerçekleşir.

Algoritma: Kodların bir araya gelmesi ile işleyen sistem.

Alleme: Yazılmış programların yani "kalem"in yüklenmesi, öğretmek, bilginin yüklenmesi.

Atom: Maddenin en küçük fiziksel yapı taşı, makroda ilk oluşan fiziksel yapı.

Bi-enna(A)llahe: Kişinin pek çok defa bir türlü hakikate varamayıp sanallıkta kalması durumunda devreye girerek kişinin hayatında dünyasal birtakım şeylerle karşılaşması sağlanır böylece kişi karşılaştığı olaylarda uyanışını yaşayabileceği uygun bir ortam içinde bulunur. Kişinin nefsânîleşmekten kurtulması için devreye giren bir uyandırma programıdır. Bir nevi yanlış yola girildiğinde doğru yola sokan levhadır. Bir kişinin rutin yaşantısında birilerine karşı söylediği veya yaptığı şeyin yanlış olduğunu anlaması durumu hem de eğer yanlışından dönmezse o yanlışı ile ilgili olumsuz sonuçlarla karşılaşması.

Bilinç: Varlığın yapısında bulunan bilgi kayıtlarının anlamlanması. Şuurluluk hali, şuur.

Default: Bir şeyin bozulmamış ilk hali, fabrika ayarı.

DNA: Deoksiribo Nükleik Asit. İlk yaratımda Rabb'in Allakındaki bilgi, ilk oluşan Rabb'in bilgisinin bulunduğu moleküler evren, ilk moleküler seviye, insandaki bilginin işlendiği-kayıt edildiği kayıt merkezi, bilgi merkezi, yeni bilginin de oluşabildiği yer. Ellezi yalleme bil-kalem algoritması (bilginin yüklenmiş olması)

Elektron: Atomun yörüngesinde çekirdeğin çevresinde bulunan eksi yüklü parçacıklar, ilk dişil enerji, makro yapıda *rahimsel titreşim.*

Eraeyte: Eraeyte kodu, nefsle ilgili olan fiilleri ya da özellikleri fark etmek için kullanılır. Bununla ilgili programları çalıştırır. Bu program, eraeyte kodundan sonra gelen kod ne ise onu "fark et"mek için çalışan programdır.

ev emara: Şartlı bir duruma karşın kesinlikle olacak bir olasılığı devreye koyar. Hangi şartın olduğunu bir önceki ayet, bu şarta karşılık ne olacağını ise ev emara kodundan sonra gelen kod belirler.

Hâlâk: Henüz olmayan herhangi bir şeyi var etmek yaratmak. Düşünülen bir iş, oluş, proje gibi hayata dair planladığımız bir şeyi gerçekleştirmek.

Hira: Beyin illüzyonunda kalarak nefs-i yaşam sürmek, ilkel yaşam sürmek, ilkel beyin.

Hologram: Dünya denen ortamda görülen, işitilen vs. algı sistemlerimizle algılanan gerçek zannedilen her şey.

Hüdâ: Hakikate ulaşmak için üzerinde bulunulan yol. Nurun omurgadaki ilerleyişi.

İkra: Yaymak; Rabbsel özellikleri hayatın her ortamında söylemlerde, eylemlerde, düşüncelerde var kılmak, o şekilde yaşamak. Rabbi ortaya çıkarmak (kendindeki). Okumak; yaşamın içinde karşılaşılan her meselenin hikmetini görmek, hakikate yönelecek şekilde farkında olmak. Alakta bulunan özellikleri başlatan program. Titreşim (frekans) ile insanın yaratımında kendisine yüklenmiş olan programın ortaya çıkması. ***İkra*** algoritması ile kişinin uyanışı başlar. Bu doğrultuda kişinin kendindeki yaratım özelliğini başlatan benzetmek yerinde ise klavyenin "enter" tuşudur. İnsana yüklenmiş yaratım formatına ait programları başlatır. Hakikate varmayı başlatan programdır. Hakikat penceresinden bakmak... Yaşanılan olaylara illüzyona düşerek değil hakikatin penceresinden bakarak yaşama nedenine ulaşabilir olmak. Yaşanılan olaylara idrak ederek bakmak... Hakikati ortaya çıkarmaktır. Hakikat ise yüklenen programlar, özellikler, varlığın gerçek hâli, beden değil de nur olduğunun gerçeği, özsel şuuru, Rabbsel tüm özellikleri, bireysel yaratılma nedeni... Yaratılış programının devreye girmesi.

İllüzyon: Hologram ortamda yaşananları gerçek zannetme.

in kane: Her kullanıldığı yerde bir şeyin 'ya olursa' durumunda nasıl çalıştığını gösterir. Seçenekli bir durumu ortaya koyar. Kullanıldığı algoritmalarda değerlendirilmelidir.

inne: "İnne" kodu kendinden sonra gelen kodlamaların, önce gelen koda rağmen mutlak surette gerçekleşecek olmasını sağlar. Hangi şart ve koşul olursa olsun aslında bunu engelleyecek bir etmen olmasına rağmen o şey illa ki vukuu bulacaktır.

İnsâne: İlk tek hücreden üretilmiş format. Rabb özellikleriyle birlikte fizik kanunları gereği katmanlaşmış kabuklardan oluşan prototip

İyi İnsan: Nefs kabukları ile oluşmadan önceki en saf asli halini ortaya çıkarmış, şarttan durumdan bağımsız olarak koşulsuzca özelliklerini her ortamda sürekli-hep hayata getiren kişi.

Kalem: Kodlama ile yazılmış programlar, algoritmalar, yazılma işlemi, yazılımlar.

Kapalı Şuur: Bilinçsiz olmak, bilincin kapalı olması, tüm kendinde bulunan özelliklerin, bilgilerin, programların farkında olamamak. Hakikati bilememek.

Kezzebe: Gerçek olan bir şeyi gerçek olduğu bilinmesine rağmen yalanlanmak.

Leyatğa: Nefsânîleşme, benliğe düşme, illüzyonu gerçek zannetme yanılgısının içinde hapsolma programı

Liyakat: Hak ediş.

Makro: Bir mekanizmanın kendisi. En büyük olan.

Mikro: Bir mekanizmanın aynısının işleyen en küçük yapısı.

Müstağni: Her şeyi kendinden bilme, kendini ihtiyaçsız görme, benlik hâli, nefsânî oluş.

Nefs: Leyatğa programının bulunduğu, kendini ihtiyaçsız görme, yaşam illüzyonunda kalan, kendini "ben" sanan hâl, insanın benlik bilinci.

Nötron: Atomda çekirdeğinde bulunan yüksüz parçacık, makroda *rabbsel titreşim.*

Nur: İlk yaratım hâli, öz hâl, asli hal, en nötr bozulmamış hal.

Ölüm: Beden terki. Manevi manada beden algısından çıkmak.

Program: Kodlardan oluşan algoritmalar.

Projeksiyon: Bilginin bulunduğu yerden başka bir yere bilginin yansıtılarak görünür hale gelmesi.

Proton: Atomun çekirdeğinde bulunan artı yüklü parçacıklar, ilk eril enerji, makro yapıda *rahmansal titreşim.*

Rabb: Rahim boyutunun sevk ve idaresinin yürütüldüğü, varlığın tekâmül düzeylerinin belirlenmesi ile bilinç kazanmasını sağlayan ve yaratımın gerçekleştiği mekanizma, özsel bilginin yaratımın tamamı, yaratıcı güç. Bir insanda yaratımında kendisine yüklenmiş olan (bulunan) en güzel insani vasıflar-özellikler. 7 hasletin tamamı. İnsanda bulunan Rabb programı; kişinin kendini geliştirmesi, öğrenmesi, sanatın her dalı ile meşgul olarak bu özellikleri ortaya çıkarması, yaptıklarını doğru-yanlış olarak kendi içinde muhakeme etmesi ve bu muhakeme sonucuna göre kendisini dünya hayatında olay durumlar ile karşılaştırmasıdır.

Rabbsellik: Rabbin kendinde bulunan tüm özellikleri (Rabbsel özellikleri) ortaya çıkarmış, devreye almış olmak.

RNA: Ribo Nükleik Asit. Bilginin kopyalanarak çoğalmasını sağlayan mekanizma, yeni ve işlenmiş bilgilerin çoğalarak DNA'ya kopyalanmasını sağlayan sistem. *'Alleme-l-insâne mâ lem ya'lem* algoritması (bilinmeyen yeni bilginin kayıt edilmesi, çoğaltılması)

Sallâ: Nefsli bilincin abd olma seviyesi yani hakikat bilincini bölümlendirirsek birinci seviyedir ki nefsli bilinçtir. Yaşamda karşılaştığı olaylara hakikat ile değil illüzyonik olarak bakma bilinci. İdraki tam bir biçimde yaşayamama hâlidir.

Sanal Gerçeklik: İllüzyon, gerçek olmayan, sanallık.

Sanal Kendilik: Benlik. Nefs sanallığına düşüldüğünden kişi "sanal ben" yaratır, gerçekte olmayan bir benlik algısına girer. Bu "sanal ben" nefstir.

Secde: Herhangi bir şeyi (iş, oluş, vs.) sonuca ulaştırmak. Manevi mânâda hakikate ulaşmak, Rabbi yani Rabbsel özellikleri ortaya çıkarmak. Abd olma sırasında alın bölgesine kan gitmesini sağlayacak şekilde yapılan hareket.

Senedu: Zamana dayalı olarak çalışan söz.

Seneduz-Zebaniye: Zamana dayalı olarak çalışan sözün uygulanmasını sağlayan mekanizma.

Singularity: Tekillik.

Takvâ: Hakikat yoluna yönelmişlik yani hüdâ yolunda olma hâli. Bilinç olarak nefsten oldukça arınmış bir seviyenin ifadesi, hakikate varmakla kalmamış yaşamın her alanında davranışlara, eyleme, söyleme yerleştirmiş olmak.

Tedricen: Adım adım ilerleyiş.

Tekâmül: Nefsten arınma programı. Yaşam içinde, kendinde sevgi-merhamet yoksunluğuna dair kayıtlı bulunan deneyimlerin, sevgi-merhameti idrak edene kadar kişinin karşısına tekrar tekrar gelmesi ile bilinçteki gelişimin sağlanması programı. Hayat Tatbikatı.

Tevella: Gerçeği bilmesine rağmen görmezden gelmek, bildiğini okumak.

Tutihu: Rutin yaşantımızda herhangi bir konuda yanlışa düşmek daha ziyade doğrudan saptırılmak. Nefse yönelme.

Yerâ: Tüm eylemlerin, söylem ve düşüncelerin hücresel boyutta kayıt edilerek bunun makro sisteme sinyalizasyon ile gönderilmesi neticesinde makroya her bilginin ulaşması böylece makronun her şeyden haberdar olunması. Bedendeki tüm işleyişlerin bilgisinin sinir ağları vasıtası ile beyne ulaşması.

Zebani: Hayatta birine herhangi bir şey için söz verilip sözün tutulmayışının sonunda kişide devreye giren programdır. Yaratılım esnasında da Rabbe söz verilmişti bu sözün yaşarken yerine getirilmemesi durumunda yine devreye giren programdır.

Rabb'den gelmiş olan insanın yeniden Rabb'e dönmesini sağlayan bir program olarak, sistem pek çok yolla illüzyondan çıkaracak şekilde uyarılar yapmasına rağmen hala uyanamayan insanın, en sonunda acı verici (şoklama) bir şeyle karşılaşmasını sağlayacak şekilde uyandırmasıdır. Bu yaşam içinde karşılaşılan keder veren durumlarda olurken, yaşam bitiminde ölüm (beden terki) esnasında gerçekleşir.

Yazarın, Kur'an evrensel çalışmaları her Perşembe devam etmektedir.

Kur'an çalışmalarını takip edebilir, yazarın seminerlerinden haberdar olabilirsiniz. Kur'an'ın evrenselliğini dil, din, ırk ayrımı olmaksızın tüm insanlığa sunulmasını sağlamak maksadı ile Kur'an Evrensel ekibine katılabilirsiniz.

Youtube TV: Kur-an Evrensel Dersleri

Instagram Hesap: @evrenselkuran

e-mail: kuranevrenseldersleri@gmail.com